染谷智幸・畑中千晶編

全訳 男色大鑑〈武士編〉

なんしょくおおかがみ

【執筆】佐藤智子、杉本紀子、染谷智幸、畑中千晶、濱口順一、浜田泰彦、早川由美、松村美奈、あんどうれい、大竹直子、九州男児、こふで、紗久楽さわ

巻ここのこ：傘持《かさも》っても濡《ぬ》るる身《み》　人物：長坂小輪《こりん》　挿絵：大竹直子

巻1の2：此道《このみち》にいろはにほへと　人物：篠岡大吉《しのおかだいきち》と小野新之助《おののしんのすけ》　挿絵：あんどうれい

巻ヨの2:嬲《なぶ》りころする袖《そで》の雪《ゆき》　人物:山脇笹之介《やまわきささのすけ》と伴葉右衛門《ばんのはえもん》　挿絵:紗久楽さわ

巻４の２：身替《みがわ》りに立名《たつな》も丸袖《まるそで》　人物：野崎専十郎《のざきせんじゅうろう》と今村六之進《いまむらろくのしん》　挿絵：九州男児

巻4の4：詠《なが》めつづけし老木の花《はな》の頃《ころ》

人物：玉嶋主水《たましまもんど》と豊田半右衛門

挿絵：ころぞ

【図解】

若衆とその髪型

若衆の髪型（『女用訓蒙図彙』国会図書館デジタルコレクションより）

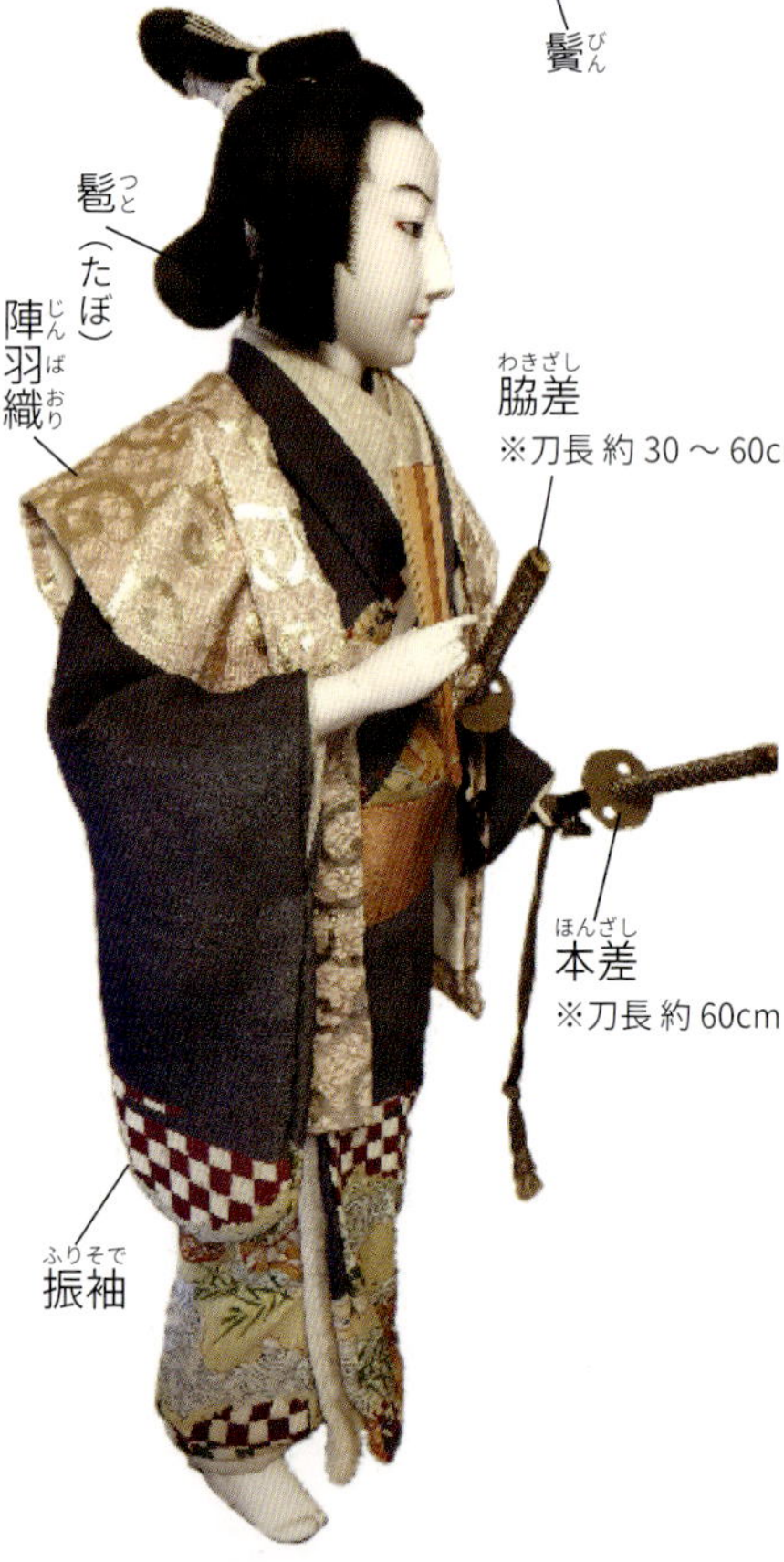

若衆人形（大竹直子蔵）

もくじ

巻頭言

初めての古典が『男色大鑑《なんしょくおおかがみ》』でもいいんじゃやないか

……畑中千晶

恐る恐るか、それとも嬉々としてか。いずれにせよ、本書の扉を開く者は、思わず知らず頭に血が上っている。西鶴の研究者ですら、長年にわたって論ずることを後回しにしてきた作品なのだ。『男色大鑑』に関する論文が全くなかったわけでは、むろん、ない。だが、西鶴の名前から連想する作品といったら、まずは『好色一代男』『日本永代蔵』『世間胸算用』。論文の数にしても、これらの作品の方が比較にならないほど多いのだ。

そうした中、本書を手に取ってくださった、あなた。もし、これが初めての古典であったとしても全く問題ない、いや、むしろ好都合なくらいだ。「好き」「気になる」「もっと知りたい」というのが、ものごとを前に進める時の最大のエネルギーだ。心の赴くままに読み進めていくのが一番である。

「男色《なんしょく》」とは、男性が男性を性愛の対象とすることをいう。「女色《じょしょく》」と対《つい》になる言葉だ。ちなみに女色とは、男性が女性を性愛の対象とすることを指す。時代は江戸であるから「動作主体が男性」の言葉ばかりが生まれていく。女性が女性を性愛の対象にするということがなかったわけではないし、西鶴も『好色一代女』の中で描写している。が、しかし、「男色」「女色」と共に列挙しうるような名称が、そこにあるわけではないのだ。「男色」という名称があるということ、そして、「女色」と対になって認識されていたということは、それが広く社会の中で受け入れられていたことを示している。とはいえ、「男色」が社会の中で多数派《マジョリティ》であったとは思われない。西鶴の創り出した破天荒なキャラクター、色道《しきどう》（性愛の道）のエキスパートである一代男・世之介《よのすけ》は、三七四二名の女性と契る一方で、七二五名の男性とも契ったという。この数字のバランスは、極端な誇張を伴いながらも、「男色」が「女色」を決して上回ることのなかったことを暗に示している。要するに、六人に一人ぐらいの比率で男色を嗜《たしな》んだということだ。多くもないが、少なくもない。絶妙な数字である。『男色大鑑』冒頭から繰り返し「男色」賛美が唱《とな》えられていくけれども、こうした社会背景の中で、強いて主張する必要があったのではないかと考えを巡らせてみることができるだろう。

では、『男色大鑑』において、男たちの性愛が赤裸々に描かれていくと期待して（あるいは恐れて）いた方が良いのだろうか。答えは否《いな》である。基本的には何一つ、直接的には描かれないと思っていた方が良い。だからといって西鶴の描く男色物語が、純粋無垢《むく》の、極限のプラトニック・ラブなのかと言えば、それもまた否である。性愛はある。確かにそこにある。でも、描き方は直接的ではなく、連想の網の目をたどっていった先に、実は意外と大胆に、わかる人にはわかるように、描かれているのである。つまりは「読む」ことに尽きる。読んで、読んで、読み尽くす。だから「初めての古典が『男色大鑑』」

というのは、実は最良の古文攻略法かもしれないのだ。月も山も桜も、ありとあらゆるものが二重三重に意味を持つ古典文学において、極めて穏やかで品の良い物言いの中に最良のエロスが織り込まれているのを知ることは、古文を読む最大の楽しみだ。

この現代語訳が、魅惑の古典世界への道しるべたらんことを。

いざ『男色大鑑』の世界へ。

【お読みになるまえに】

こんな現代語訳を目指しました

・読者のみなさんが、違和感なく、楽しく読み通すことのできる現代語訳。
・漫画家陣による豪華カラー口絵&挿絵で、西鶴の世界をビジュアルに表現。
・生活用品や風俗など、図やイラストでビジュアルに解説。
・注は必要最小限にとどめ、可能な限り訳文のなかで表現。
・時には西鶴本文も引用（例「恋は今ぞ」。カッコよくてシビれる表現など）。必要に応じて括弧（）内に解釈を添える。
・原則として人名・地名等の漢字表記は『新編西鶴全集』に従い、本文初出時のものを使用。

こんな「おまけ」も付けました

・すべての章にキャッチコピー&あらすじ付き。
・あらすじは、単なる要約ではなくてミニ解説の役割もあり。
・「マルチOS西鶴の『男色大鑑』」「男色の楽しみと衆道の歴史」の解説ページあり。

※なお、本書掲載の西鶴作品の挿絵は、染谷智幸・加藤裕一監修「西鶴浮世草子全挿絵画像CD」（『西鶴と浮世草子研究』第一号付録、笠間書院、二〇〇六年）による。

全訳 男色大鑑〈武士編〉

開幕！

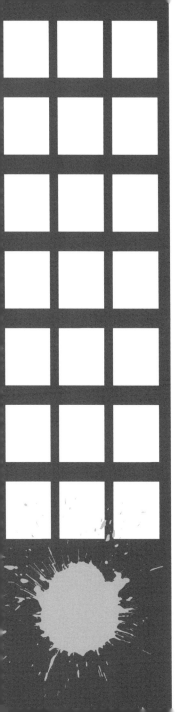

序

男女の恋は間に合わせ、男色こそ恋の本道

《あらすじ》

西鶴先生は、本作冒頭にて、次のように高らかに宣言されます。

「この世が始まった時、神様は男だけで、これはこの国の根源に衆道があったことを示します。ところが、その後、イザナキとイザナミなんぞが現れてから、にわかにこの国の陰陽・風俗は乱れてしまいました。女色《じょしょく》の恋など、美少年のいない国での間に合わせにして、決して相手にしてはなりません。さあ早く男色の道へお入りあれ！」

しかし『好色一代男』では、あれだけ女色を称揚し、主人公の世之介を好色丸という船に乗せて女護島《にょごのしま》（女だけの島）へ旅立たせた西鶴先生、一体どれが本音か建前か、読者は序《のっけ》から西鶴流の話術にて、大波乱間違いなし！

日本最古の歴史書に『日本書紀』があります。これは西鶴《わたくし》なりの見方で恐縮ですが、ちょっと解説してみましょう。まず、こんなことが書いてあります。天地が初めてこの世に出来上

がった時、一つのものが現れたと。それは、形は葦《あし》の新芽のようでありまして、これがそのまま神様となりまして、お名前を国常立尊《くにのとこたちのみこと》と申しました。それより三代までは、陰陽の陽のみ、つまり男の神様だけの道をまっしぐら、つまりこれは男色の道、衆道《しゅうどう》の根源を表しているのではなかろうかと思います。ところが四代目あたりから女の神が現れますと、陰陽が勝手気ままに交わりまして、この国の風俗は乱れに乱れる始末、何ということでありましょうや。それからというもの、女たちは昔はおすべらかしの垂《た》らし髪、今は流行《はや》りの投げ島田まで、梅花《ばいか》の髪油《かみあぶら》をぷんぷん匂わせて当世風に結わせております。または撓《しな》るような柳腰に紅《くれない》の腰巻《こしまき》をちらつかせるなど、やたらと男の目を汚すようなことばかり。いやはや、これは美少年のなき国での間に合わせにして、隠居した親父《おやじ》の弄《もてあそ》びに過ぎません。人間、血気盛んな若い時に、ゆめゆめ言葉を交わすべきものではありません。さあ、そんなものは放っておいて、この男色の道に逸早《いちはや》くお入りあれ。どなた様も、後れをとってはなりませんぞ。

貞享《じょうきょう》四（一六八七）年丁卯《ひのとう》正月

▼注
ともに西鶴の印。上の「鶴永《かくえい》」は西鶴の別号。下の「松寿《しょうじゅ》」は松寿軒で西鶴の軒号《けんごう》。

巻1
全訳　男色大鑑〈武士編〉

1　色《いろ》はふたつの物《もの》あらそひ

男が男に恋する二十三《これだけ》の理由

《あらすじ》

類は友を呼ぶというが、私の仲間は『日本書紀』の神様にまでさかのぼる。古代中国にも友が多い。あの女好きの業平《なりひら》も、もとは若い男の子が好きだった。何より業平本人が、花も恥じらう美少年だったのだ。もし、私が赤ん坊の頃、今のような考えを身に付けていたとしたら、絶対、女の乳なんぞ飲まなかったのに、ぐぬぬ……。というような具合で、和漢の古典を博捜《はくそう》しつつ、男色がいかに素晴らしいかを力説する本章は、荒唐無稽《こうとうむけい》な法螺話《ほらばなし》かと思いきや、ところどころに本当らしさも光り、うっかり信じそうになる。なぜ男が男に恋すべきだと言い切れるのか。二十三もの論拠を示して徹底論破する中で、当時の色道《しきどう》の諸相も見事にスケッチされている。西鶴自身の創り出した希代の好色漢・一代男の世之介《よのすけ》を引き合いに出して笑いのめし、果てはフィクションであることを軽やかに暗示して締めくくる。問題の書『男色大鑑』の幕開けにふさわしい一章である。

天照大神《あまてらすおおみかみ》のご先祖の時代、天と地をつなぐ天《あま》の浮橋《うきはし》の河原《かわら》に住む鳥——尾で地面を叩《たた》くことから「尻引《しりびき》」と呼ばれていた鶺鴒《せきれい》▼注[1]――のしぐさにヒントを得て、男と男が契る衆道《しゅどう》の作法にのっとり、国常立尊《くにとこたちのみこと》は日《ひ》の千磨《ちまる》を寵愛《ちょうあい》なさったのだった。あらゆる虫までもが蜻蛉《とんぼ》の交尾のように尾を曲げて輪になり、若道《じゃくどう》の契《ちぎ》り（男同士の愛の語らい）を表現しているので、日本を蜻蛉《とんぼ》の国というのである。素戔嗚尊《すさのおのみこと》が、年寄りの相手をしてくれる人がいなくて、間に合わせに稲《いな》田姫《だひめ》にいちゃついてからというもの、世の中にうるさい赤ん坊の声が満ちるようになり、やれ産婆《さんば》だ、仲人だと必要になって、嫁入り支度に多くの衣装や道具を詰め込んだ長持《ながもち》・▼注[2]葛籠《つづら》▼注[3]など用意しないといけなくなり、両親に経済的な苦労をかけるようになったのである。男色ほど「美なるもてあそび」（美しい楽しみごと）はないのに、今どきの人は、この何とも言えない素晴らしさを知らないのだ。

ところで、若道《じゃくどう》（若い男の子に夢中になる男の世界）の歴史は古く、日本にも中国にもよく似た友がいる。中国の春秋時代の衛《えい》の霊公《れいこう》は美少年の弥子瑕《びしか》に命を任せると言い、漢の高祖・劉邦《りゅうほう》は美少年の籍孺《せきじゅ》に夢中になり、劉邦の曾孫《そうそん》の武帝《ぶてい》は、李夫人《りふじん》の兄、李延年《りえんねん》を共寝の相手に定めなさったという。日本にも、昔男と呼ばれた在原業平《ありわらのなりひら》が、女流歌人・伊勢の弟の大門《だいもん》の中将《ちゅうじょう》と五年あまりも念友《ねんゆう》（男色関係にある友）となっている例がある。その五年というのは、春の桜も中秋の名月も忘れて、この友にのめり込むほどであったという。理性も失うほどの情愛がどれほど深かったかと言うと……雪まみれになることも、嵐が袖から吹き込むことも全然気にせず、氷の張る川を渡り、ワンワンほえる犬に焼き飯を与えて黙らせ、厳しく戸締まりをしている穴門（穴の門！……と言ってもこれは土壁の小さな門）は合鍵を作って通り、闇の中で忍び逢う時の星明かりさえもうらめしく、蛍の光までも憎い気がしてくる。普段なら家来が涼みに使う粗末な台に二人して座ると、足が蚊に食われて血だらけになっても気にせず、夜が明けるのを悲しむ。若衆の前髪が風に吹かれてボサボサとなり、あちこちで鶏が鳴き出す頃になると、別れを惜しんで雨も降っていないのに雨に濡れたかのように涙を流し、帰るとすぐにその涙を硯《すずり》に注いで、想いのすべてを筆に込めて『通台集《つうだいしゅう》』（夜ごと「台」に通った記録）と名づけた書を残す……というような具合であったのに、なんでまた、こうした出来事をすべてなかったことにして、女との恋を描いた『伊勢物語』を書いたのだろうか。「初冠《ういこうむり》の段」で、元服してすぐ奈良へ行って姉妹と恋に落ちるのも、もとはと言えば、薄情な念者《ねんじゃ》（衆道関係にある年長の友）を見限ったことから始まったのだ（そういえば、「初冠の段」の和歌に「若紫《わかむらさき》のすりごろも」と出てくるけれども「若紫」と言ったらまさに歌舞伎若衆が月代《さかやき》を隠すためにかぶった紫帽子の色。つまりは業平こそ歌舞伎若衆の元祖だったりして……）。

それで、その「若紫」ではないけれど、若さの盛りの、今まさに元服したばかりの初々しい業平の後ろ姿と言ったら、もうまさに、ぷっくりとほころんだ桃の花が、風に吹かれるのも嫌がるような感じと言おうか。あるいは、ほっそりとした柳腰が、まるでしだれ柳の風にゆれるような感じとでも言おうか。中国の有名な美女、毛嬙《もうしょう》や西施《せいし》▼注[4]でさえも、業平の美しさには負けましたと恥じ入ること請け合いだ。そんな業平であったけれども、成長して男盛りになると、今度は美少年好きになったのだ。元来、そのようであったにもかかわらず、世間一般から男女の性愛の神様と祭り上げられているのは、草葉《くさば》の陰（墓の下）でさぞかし悔しい思いでいることだろう。

また、吉田の兼好法師が、清少納言の甥《おい》っ子、清若丸《きよわかまる》にたびたび恋文を送ったことについては、世間も見て見ぬふりだったが、高師直《こうのもろなお》に頼まれて塩谷判官《えんやはんがん》の妻にたった一度だけ恋文を送ったことは、たちまち噂となって後々までも語り継がれることになった。とにかく男たるもの、警戒すべきは女色《じょしょく》（女性との恋愛）である。

私が生まれた時に今の知恵があれば、女の乳など飲まなかったことだろう。米の擂粉《すりこ》や甘葛《あまずら》の煮たのを飲ませて赤ん坊を育てた例はいくらでもある。

そういった次第で、男ばかりの世帯を求めて、住み所は武蔵国《むさしのくに》の江戸――江戸は男ばかりの町である――に定め、浅草の外れに土地を借りて、世の中の喜びにも哀しみにも、人々の人生の浮き沈みにもかまわず、いつもは門を閉じて、朝ご飯の前だけ『若道根元記《じゃくどうこんげんき》』（若道のルーツ）の講釈をすることにした。さまざまなことを見聞きし、酸《す》いも甘いもかみ分ける四十二歳になるまで日本中を旅して、衆道がいかにありがたいかということをすべて残らず書き集めてみた。今から男色と女色の違いを述べてみることにしよう。

・十一、二歳の娘が早くも男の目を気にして自分の前後ろを確認しているのと、同じ年頃の少年が歯を磨いているのとでは、どちらが魅力的と言えるだろうか。

・遊女にふられて一人寂しく寝ているのと、痔《じ》のある歌舞伎若衆の子と心静かに語り合うのは。

・気鬱症《きうつしょう》（ノイローゼ）の女房を看病してピリピリと神経をすり減らしているのと、あれ頂戴、これ頂戴と、無心ばかりしてくる若衆を手元に置いて気の休まる間がないのとは。

・歌舞伎若衆を呼んで遊んでいる座敷へ水神鳴《みずかみなり》（火の出ない神鳴）が落ちて肝を冷やすのと、遊女となじみにならないうちに「一緒に死んで」と剃刀《かみそり》を出されるのと。

・博打《ばくち》に負けた次の日に安いランクの遊女で遊ぶのと、転売用の買い置きが値崩れして、旅回りで色を売る若衆と気楽に遊ぶのは。

・婿入りして夕方からずっと嫁に迫られ、次第に痩《や》せていくのと、自分が仕えている主人の寵童《ちょうどう》と相思相愛になりつつも昼間しか顔を見ることができないのと。

・六十過ぎの後家が、現役感をにじませる紅《くれない》の腰巻姿で小判を数えているのと、元服間近の角前髪《すみまえがみ》▼注[5]の男の子が、木綿の地味な帯を結んだ姿で、昔もらった恋文を見ているのと。

・京都の遊郭、島原に通い過ぎて借金が返せなくなり、抵当の家が人手に渡るのと、大阪の歌舞伎若衆のメッカ、道頓堀で遊び過ぎて、庶民への貸し出し用の城米を借りて、その返済期限が近づいたのと。

・百物語（怖い話を百話集める遊び）に若衆の化け物が出てくるのと、離縁した女房が難癖《くせ》つけに戻ってきたのと。

・楽屋へと帰る歌舞伎若衆の顔を確かめようと編笠を覗《のぞ》く無粋《ぶすい》さと、揚屋《あげや》へ向かう遊女のランクを禿《かぶろ》に質問する野暮《やぼ》さ加減と。

・男色の盛んな高野山で坊主の小姓になるのと、隠居親父の妾《めかけ》になるのと。

・月末にかまどの煤払《すすはら》いをしつつ色も売る神子《みこ》が、男ばかりの家を選んで回るのと、髪の油を売りつつ色も売る男の子が、粗暴な男たちの集まる中間《ちゅうげん》部屋（武家の雑役《ざつえき》を担う中間のたまり場）へ行くのを嫌がるのと。

・お歯黒を付ける女の口元と、若衆が髭《ひげ》を抜く手元と。

・なじみのない揚屋の店先で雨宿りをするのと、陰間茶屋が闇夜なのに提灯《ちょうちん》を貸してくれないのと。

・風呂で背中を流しつつ売色もする風呂屋女のなじみ客になるのと、一カ月契約の若衆を恋い慕うのと。

・遊女の身請けをするのと、歌舞伎若衆に家を買ってやるのと。

・大阪新町の安い遊び場、吉原町の太鼓持ちに羽織を貸すのと、四条河原の歌舞伎役者の草《ぞう》履《り》持ちに細かい銀貨を預けておくのと。

・お盆前に大阪新町へ行って、お金のかかる盆買《ぼんか》いを狙う遊女の馴染《なじ》みになるのと、何かと金のかかる顔見世《かおみせ》興行の時期に、歌舞伎若衆が急に優しくなるのと。

・料理屋でお酒の酌をしてくれるはずの茶屋女が菓子をむしゃむしゃ食べているのと、お香の道具類を売りつつ色も売る男の子が、測りの目盛りを厳しくチェックして油断のない感じであるのと。
・屋形船から、一座のトップスターの女形の美しい後ろ髪がちらりと見えるのと、花見帰りの女性客を乗せた駕籠《かご》から、鹿子《かのこ》絞りの着物の裾がちらりと見えるのと。
・裃《かみしも》を着けた武家若衆が、お付きの召し使いに書物を持たせていくのと、豊満な腰元が、召し使いに年代物の蒔絵《まきえ》の文箱《ふばこ》を持たせていくのと。
・大名の寵愛《ちょうあい》を受けている小姓が客間の書院に座っているのと、公家の家に仕える女性がしどけない感じで立っているのと。
・成人して着物の脇を塞《ふさ》いだ男の子に恋文を送って笑われるのと、大振袖の女性から恋い慕われて色目を使われるのとでは、どちらがいいだろうか。

二つから一つを選ぶとすれば、たとえその女が美人で気立ても良くて、そして、若衆の方が嫌な感じで鼻が低くかったとしても、絶対若衆を選ぶべきであるし、そもそもこうして同列に並べて女色と男色を論ずること自体が、実はもってのほかと言わねばならない。

だいたい女の心のさまというのは、藤の花が咲きながら蔓《つる》がねじくれているようなものだ。若衆は「針ありながら初梅に等しく、えならぬ匂ひふかし」（人を寄せ付けない鋭い気性でありながら、今ほころんだばかりの初梅のすがすがしい美しさにあふれ、何ともいえない魅力が全身から醸《かも》し出されている）というものだ。以上のことをすべて考え合わせて判断するならば、誰しも女を捨てて男へと向うに違いない。男に恋するこの道の奥深い魅力を弘法大師様がお広めにならなかったのは、精液を使い尽くして人間が途絶えてしまうことを避けるためであったけれども、広めずともいずれは男色が盛んになることをお見通しであったのだ。男盛りの時には、男色にこそ命を捨てるべきであろう。なんで好色一代男と言われる例の世之介というヤツは、多くの金銀を女なんかに使ってしまったのだろう。全くどうしようもないヤツだ。真の遊興といったら男色しかないじゃないか！　男色のさまざまなありようを鏡に映すように、この『男色大鑑』に書き漏らすまいと、難波《なにわ》の浅い入り江でかき集める藻塩草《もしおぐさ》のごとく、書き集めてみた。だが、良くは聞こえない片耳で、ほんの小耳にはさんだ程度の話を書き留めたに過ぎない。だからこれを読む人も、あまり本気にせず、ぜんぶ聞き流してくれることだろう。

▼注

［1］鶺鴒――大きさは雀よりやや大きく、尾が長い。尾羽を上下にふりながら歩く習性がある。神話でイザナギ、イザナミがこの鳥の動作を見て男女交合を知ったとされるところから「とつぎおしえどり」とも呼ばれた（図①、『画宝』日本古典籍データセットより）。

［2］長持――衣類、調度などを入れて運搬したり保存したりするための、蓋の付いた長方形の大きな木製の箱（図②、『好色五人女』巻2の4挿絵より）。

［3］葛籠——衣服などを入れるための、蓋の付いた籠。漆などを塗って用いた。婚礼用具の一つ（図②、注［2］に同じ）。

［4］毛嬙や西施——中国の古代の美女で、美人の代名詞（図③、西施『画図酔芙蓉』日本古典籍データセットより）。

［5］角前髪——元服前の少年の髪型。額の生え際の両側を剃《そ》り込んで額を角張らせた髪（口絵・若衆図参照）。

図①

図②

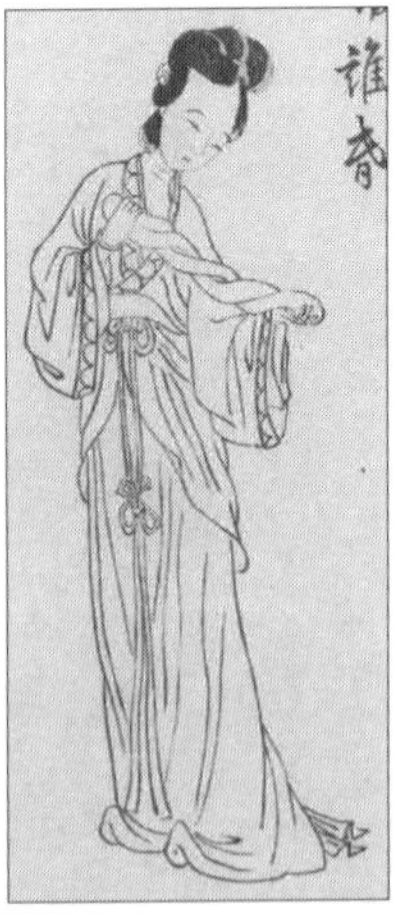
図③

2 此道《このみち》にいろはにほへと

この道ひとすじ「一道《いちどう》」先生、少年二人の恋路見守る

《あらすじ》

　俺は裕福な町人の生まれだが、家を継ぐなんぞ、まっぴら御免だ。女の声を聞くのさえ我慢ならないのに、結婚なんてできるか！ってことで、財産は放棄して、今は憧れの隠遁《いんとん》生活。とはいえ、朝起きた時「咳《せき》をしても一人」なのも寂しい。美少年がここにいてくれたら……。鏡を見ては髪を撫で付け、俺もまだまだ捨てたもんじゃないとつぶやく。そんな俺だが、これでも子どもたちのお師匠さまだ。「手習い屋の一道」なんて渾名《あだな》まである。この道ひとすじってことさ。

　一道先生の一人語りが、いつのまにか物語の背景に消える。代わってクローズアップされるのは、一道の教え子、九歳の篠岡大吉《しのおかだいきち》と小野新之助《おのしんのすけ》の恋の顛末《てんまつ》。もしかして一道こそ、「壁」と一体化して男たちの赤裸々な姿を描き出すBL作家の元祖か!?『男色大鑑』入門にふさわしい一章。

大通りの角《かど》という好立地の物件六つに、大名貸しという大口融資先まで、腹違いの弟に譲っ

てやった。京都の町中は、重い荷物を運ぶ車の音や銀貨を量る音がやかましく、朝に晩に黒木を頭に乗せて売りに来る大原女《おはらめ》の声に飽き飽きしていたところ、賀茂山《かもやま》▼注[1]の北側に、いい場所を見つけたのだ。

まず、枝葉《えだは》の細やかな綾杉《あやすぎ》がこんもりと茂っていて、東には紅い蔦《つた》のからまる洞《ほら》があり、西には自然と岩が重なり合って、水が清らかに流れるままになっている。南は松が高く聳《そび》え、夜に葉の隙間《すきま》から洩《も》れ来る月明かりがさぞ風流であろうと思われる。隠れ住むならここということで、粗末な笹葺《ささぶき》屋根の庵《いおり》を建てたのだった。

「今ははや心にかかる雲もなし月をみやこの空とおもえば（今はもう何も気にかかることはない。月を見れば都の空の下にいるも同然だから）」

と詠んだ足利尊氏《あしかがたかうじ》と同じく、心も晴れ晴れと月を眺める。でも雲がないからといってずっと雨が降らないわけでもなく、折節《おりふし》の時雨《しぐれ》に濡れて感傷的になることもある。ぬれの道（色恋の道）は忘れているようで忘れてはおらず、今でも美少年なら来てくれるといいのにと思う。独り寝の淋《さび》しさは最初からわかっていたことだが、寝覚めに聞く千鳥の声が何とももの悲しく、賀茂川の音ばかりが耳に響く。

「渡らじな瀬見の小川は浅くとも老いの浪立つ影も恥ずかし（渡るものか。小川の水は浅くとも。シワシワの顔が映るのも恥ずかしい）」

と詠んだ石川丈山入道《いしかわじょうざんにゅうどう》が住んでいたのも、この山奥から流れている小川のほとりだ。その小川の水に洗われた岸辺が滑らかに続いている。放し飼いの牛が食べ残した草までも枯れ果てる季節となり、雪で道も自然と途絶えると、豆腐や醤油《しょうゆ》さえも足りなくなってくる。格《こう》子戸《しど》を閉じて、四条河原の顔見世《かおみせ》興行もちょうど今ごろか、新人の歌舞伎若衆はどんな子たちだろうか、さぞ美しかろうと思い浮かべている間にその季節も過ぎ、さらに冬らしくなって、人の足音も早くなる師走《しわす》を迎える。町中にいれば、正月飾りの羊歯《しだ》を売る声が聞こえ、餅つきをしたり、年末の勘定書をやりとりしたりして、何ともせわしないものだが、そうした煩わしさから解放されるのが、今の侘《わ》び暮らしの利点だ。大晦日はいつでも新月で闇夜だし、借金があれば心も闇といったところだが、そんな闇夜も明けてしまえば新年となる。鶯《うぐいす》のさえずりに

「南枝《なんし》の花始めて開く（南に伸びた枝の花が初めて開く）」

との漢詩を思い出し、初梅《はつうめ》の開くのを楽しみに障子《しょうじ》を開ける。まだ霞の立ちこめる早朝だ。梅のような香りのする油を自分の手で撫《な》で付け、「なかなかにイカした男ぶりだが、さて、一

体誰に見せるつもりか」と自問する。

　やがて春も深まってくると、さして山奥でもないこの辺りにも役立たずの桜が咲き、どこかの奥さんやら後家さんやらが、清水寺《きよみずでら》や仁和寺《にんなじ》の桜だけでは見足りないものか、こんな辺鄙《へんぴ》なところまで来て林の中で酒を飲み散らす。それだけでも憎たらしいのだが、色気をふりまく女を寄こして塩をくれなどと言う。「ない」と言ってやらない。その後で箸《はし》を借りにくる。顔《つら》を見ても返事はしない。ようやく西日になると、樽の口を開けたまま転がし、茶の湯で用いた湯も捨てるなどして、下男の久三《きゅうぞう》が手際よく道具類を片付ける。女たちも騒ぎながら木綿足袋《もめんたび》を汚さないように脱いで袂《たもと》にしまい、銀製の髪飾りを外して楊枝《ようじ》を挿し、櫛《くし》も鼻紙の袋に入れ、紅色の下着が汚れないように内側から手を入れてまくりあげ、着物の襟《えり》が汚れるからといって首筋を抜き衣紋《えもん》にし、木の枝に掛けておいた流行《はや》りものの木地笠《きじがさ》をそれぞれ手に取って、帰りを急ぐ夕暮れの姿は、今朝とはうってかわって見苦しく、町女の良くない点ばかりが目に付く。帰り際に生け垣から我が家を覗《のぞ》き込んで、肴掛《さかなか》け▼注[2]があるのに目を留《と》め、「お坊さんでもないのに、女性を見ても見ぬふりしてさ、なんなの、全く」と大声でののしって行く。それもそのはずさ。俺が女好きであったら、祇園祭《ぎおんまつり》に月鉾《つきぼこ》を出すような、れっきとした家柄の商家に婿入りしたはずなんだが、絶対に首を縦にふらなかったのだ。それだけじゃない。修学院離宮《しゅがくいんりきゅう》▼注[3]への行幸《ぎょうこう》で御所乗物に付き従う女官たちの、紫色した四つ目結い文様の後ろ帯に玉結びの黒髪を垂らした姿の見えるのが嫌で、北側の窓を塗り塞《ふさ》いでしまったくらいだ。こうした日影の草のような、いてもいなくても良いような身ではあったけれど、カルタに歌と読み、つまり百人一首のような歌カルタと絵合せカルタのような読みカルタがあるように、何事にもそれぞれに合ったやり方というのがある。読みを教えるってことで、里のわらべに『童子教《どうじきょう》』(子ども用学習教材)を教えて、手習い屋の一道《いちどう》と渾名《あだな》で呼ばれるようになり、月日を送ってきたのである。

ある年の三月十四日のこと、空に霞のかかるような暮れ方から子どもたちが集まり、夜の塾が始まった。明日提出の清書がもっとよく書けるようにと互いに張り合う心がけが見える。文字を書き落とすと、罰として物差しで何回も叩かれるか、机を背負って家の周りを走らされるのもおかしいものだ。その日の当番は、下賀茂《しもがも》の郷士《ごうし》、篠岡大吉《しのおかだいきち》九歳と、同い年の小野新之助《おのしんのすけ》だった。この二人はみんなより先に来たのだが、途中に架かっている橋が崩れかけていて、暮れの薄暗がりに渡るのは危ないと、大吉が裾をまくりあげて新之助を背負って渡るなど、いかにも大事にしている様子である。大吉は茶を入れるための水を筧《かけい》からくんで手おけで運び、茶釜にくべた落ち葉の煙にいぶされても平気な様子だ。座敷を掃くのも一人で行い、もう一人の当番、新之助が何もしなくても許している。新之助は手鏡を取り出して、前髪の後れ毛を撫で付け、身だしなみに気をつけているのだが、その様子が何ともこざかしい感じがする。空寝入《そらねい》りをして見ていると、大吉の手を握って、

「いつぞやのところはまだ痛みますか」

という。

「この程度のことは」

と肩を脱ぐと、先の尖《とが》った小刀で入れた若道の念約（念者となる約束）の印が、紫色になっている。

「ちょっと腫れているのを思うと……我ゆえの御身《おんみ》の疵《きず》」

と言って、二人して涙を流して悔やむのを見ると、昔、中国の鄭《てい》の国の荘公《そうこう》がまだ若い頃、美男子の子都《しと》を愛したまい、天子さま自らお手を差し伸べて手と手を取り交わし、細かな礼儀作法のある国王の車を止めさせなさったというのも、こうしたありさまを言うのであろうと思う。魏《ぎ》の国の哀王《あいおう》は、竜陽君《りゅうようくん》を念友にしてからというもの、女色《じょしょく》による国の乱れが収まり、国中が衆道に誠ありと知ったという。俺がこの道を深く好むゆえに、自然と教え子も若年ながらにわきまえて、浅くない志を身につけているのであろう。この二人のことは行く末まで見届けることにした。まさに比翼《ひよく》の鳥、連理《れんり》の枝そのもので、いつでもひとつ覚えのように頭《かしら》を並べて片時も離れることがなかった。さらに成長して若衆盛りの頃になると、二人の美しさに引き寄せられ、出家・俗人・男・女に関係なく皆があれこれ思い悩み、数え切れない人が恋煩いにかかり、焦がれ死にをしたのである。

その頃、鹿ケ谷《ししがたに》▼注[4]の奥に念仏の行者《ぎょうじゃ》が住んでおられた。八十余歳の高齢でありながら、今ごろになって、あの大吉・新之助の若衆盛りを見て、極楽往生を願う気持ちも、前世の因縁のこと

も、すべて吹っ飛んでしまわれたという。それを大吉・新之助の耳に入れた人があった。
「我らのどちらにご執心なのだろう。あるいは、もしかして」
と、二人そろって行者の草庵をお訪ねすると、思っていた通り、大吉と新之助の魅力はまさに桜か紅葉か、どちらも捨てがたいと二人を慈《いつく》しみ、春秋積み重ねてきた積年の想いを晴らされたのであった。二人は言い残したことがあるからと、翌日にまた訪れると、もはや行者様はおられず、世間体を憚《はばか》られたのであろうか、思い合う二人の象徴である「思い葉《ば》」のように重なり合って茂る、世にも珍しい二又竹《ふたまただけ》に、昨日の日付で書き置きがしてあった。

「旅衣なみだに染《そ》むるふた心思ひ切るよの竹の葉隠《はがく》れ（冥土《めいど》へと旅立つ死装束も涙に染まるのは、二人のどちらにも思いが尽きないから。節《ふし》と節の間で竹を切るように、その思いを断ち切って、葉の陰に隠れるように自分はこの世から隠れてしまおう）」

この老僧は何を恥じておられたのだろうか。昔、真雅僧正《しんがそうじょう》（空海の弟）が業平に贈ったという歌も思い出される。

「思い出づるときはの山の岩つつじ言わねばこそあれ恋しきものを（思い出す時は常盤山《ときわやま》の岩つつじでいよう。「言わ」ないけれども君が恋しいのだよ）」

この歌のごとく、二人は言葉に出しては言わないけれども、行者様のことが恋しかったのだ。だから、名人に頼んでその竹を横笛二管▼注[5]に仕立ててもらい、寒い夜に二人で連れ吹きをした。あまりの音色の素晴らしさに、天人《てんにん》も雲間から覗《のぞ》いたことだろうし、青葉の笛で知られる平敦盛《たいらのあつもり》も現れたに違いない。今の時代の笛の妙手、森田庄兵衛《しょうべえ》など、離れていても二人の息遣いを感じたという。

ところで、はかないのは人の身である。詩人は「沈夢夕日《ちんむせきじつ》（夕日が沈むわずかの間に見る夢のようなもの）」といい、歌人は「仮の宿りの曙《あけぼの》（この世は仮の宿りでその曙を待つようなもの）」と詠んだ。ああこれが現実なのか、幻なのか。霜ならば昼に消えるはずであるのに、新之助は夜が明けるのさえ待たずに、午前四時を告げる鐘の鳴る時、一瞬だけ目を開いてすぐに目をふさぎ、十四歳にしてこの世を去ったのであった。残されたのは末期《まつご》の水ともなった賀茂川の流ればかりである。大吉の嘆きは深く、「今は聞く人もない」と笛を打ちくだき、これも火にくべて燃やし、出家の身となって岩倉山《いわくらやま》に閉じ籠《こ》もり、自ら剃刀《かみそり》で、惜《お》しくもその黒髪を剃《そ》り落としたのである。

▼注

[1] 賀茂山——神山ともいい、歌枕。上賀茂神社の北約二キロメートルにある標高約三〇〇メートルの山。神社東

の片岡山と混同されることがある。西鶴は、石川丈山の隠棲した地を賀茂山と呼んでおり、一道が賀茂山を選んだのは、隠者丈山に憧れての行動と読むことができる（『武家義理物語』巻3の2参照）。

[2] 肴掛け――生魚（鰤《ぶり》、鯛、鱈《たら》など）や乾物（干あわび、するめ）などを掛けておくもの（図①、『好色一代女』巻6の4挿絵より）。

[3] 玉結び――髪を背に垂らしてその先端を折り返して丸く結んだ、女性の髪型（図②、『和国百女』国立国会図書館デジタルコレクションより）。

[4] 鹿ケ谷――大文字山《だいもんじやま》西麓。この地を訪れた智証大師《ちしょうだいし》（円珍《えんちん》）を一頭の鹿が案内したことに由来する地名。浄土宗捨世派《しゃせいは》（念仏専修のために隠遁生活を選ぶ）の法然《ほうねん》院などがある。

[5] 横笛――横笛にも各種あるが、哀調を帯びた音色の篠笛（別名、竹笛）であろう（図③、『好色五人女』巻5の1挿絵より）。

図①

図②

図③

3
垣《かき》の中《うち》は松楓柳《まつかえでやなぎ》は腰付《こしつき》

病気平癒《へいゆ》の祈願を続けること半年、ついに美少年と恋仲に

《あらすじ》

あまりの美貌ゆえに、龍神からも狙われそうな美少年、橘玉之助《たちばなたまのすけ》は、血筋も完璧！　父は、武勇に優れた浪人の橘十左衛門《じゅうざえもん》。母は、小野小町《おののこまち》か、はたまた、玉の輿《こし》伝説の列子《たまこ》の再来かというような、山科《やましな》生まれのたおやか美人。その母は、龍神よりも衆道の恋を仕掛けてくる男どもを警戒して、玉之助を無菌状態にしておきたいと思うのだが、親の心子知らず、自分の美しさをよく知っている玉之助は、衆道の恋を楽しみに待っている。

やがて玉之助は江戸に出仕し、殿のお供をして会津へと下る。殿のお気に入りとなった玉之助だが、ある日、若衆四人で蹴鞠《けまり》をしている時、急病で倒れてしまう。以後半年間、一日も欠かさず見舞いに訪れた笹村千左衛門《ささむらせんざえもん》という武士のことを見舞帳《みまいちょう》の記録から知った玉之助は、感激し、死を覚悟して千左衛門と念友を結ぶ。

アレレ、殿の小姓である玉之助が念者を持つなんて、それは御法度《ごはっと》では？　壮絶な最期《さいご》が待っているのでは、と思いきや意外にも……？　『男色大鑑』も〈死にネタ〉ばかりではない、ということがわかる一章。

「世界のすべての男は美人である。女に美人は稀《まれ》である」と安倍晴明《あべのせいめい》が伝えている。というのも、女は顔に白粉《おしろい》を付け、唇に紅《べに》を差し、歯はお歯黒《はぐろ》で染めて、額の生え際《ぎわ》を描き足し、眉も墨で描くなどして、自然の形ではないからである。さらには、衣装も美しいのをえり好みして男をたぶらかすのである。

衣装と言えば、絹の単衣《ひとえ》の袖は涼しいものだが、その涼しい風の吹いてくる大隅国風《おおすみのくにこが》の森（現在の鹿児島県霧島市）に近い村里に身を隠している橘十左衛門《たちばなじゅうざえもん》という男がいた。大隅は生まれ故郷だが、長く浪人していると暮らしにくいものだ。華やかに時めいていたのは昔のことになってしまった。武道に優れた侍なので主君にも惜しまれたが、家老職の者と口論したため、仕方なく夜の間に城下を立ち退《の》き、再び朝日の勢いで世に出る時を待っていたのである。妻は山城国栗栖《やましろのくにくるす》の小野《おの》の奥育ちなのだが、尼となった皇女が住持をしている村雲《むらくも》御所に長年お仕えしていたため、実家に帰っても碓《からうす》の音が琴の音色に聞こえ、灯火《ともしび》を点ずることを「松明進《しょうめいすす》むる」と言い、農家の糠味噌《ぬかみそ》のことを「酒塵《ささじん》」と言い改めて、ものごとすべてにおいて優美で上品なものを見習い、それにつれて容姿も都人《みやこびと》の顔つきになっていた。

十左衛門がまだ時めいていた頃に、この村雲御所に伝手《つて》があって、女が二十二の冬、十月最初の亥の子《いのこ》▼注[1]の日にもらい受けてきて夫婦となった。二人の間に生まれた一子は、それはもう特別な生まれつきで、母が自慢するのももっともであるほど本当に麗しく、玉のように美しいから名前も玉之助と付け、今年早くも十五歳になったのであった。どこから見ても仏様の正面の姿が見えるという面向不背《めんこうふはい》の玉のように完璧な髪の結いぶりで、龍神に珠を奪われた伝説▼注[2]のごとく、龍神に魅入られてしまいそうな具合である。「こんな田舎には惜しい美少年だ」と、見る人々は口々に言う。

玉之助を江戸で出仕させようということで、昔からこの家に仕えている金沢角兵衛《かなざわかくべえ》五十余歳を、ものごとの判断も確かな者ということで見立てて、玉之助の従者に付けて送り出すことになった。朝早く出発を急ぐ息子の姿を名残惜しく見送りながら、父親は「武士の心がけとして、決して命を惜しむのではないぞ」と、この一言《いちごん》より他にはなかった。母親は角兵衛の近くに寄って、しばらくささやいていたが、別れ際に「中でもそのことをお願いね」と仰せになった。付き従う者たちが何のことだろうと思っていると、玉之助が角兵衛を招き、

「たった今、母上が仰《おっしゃ》ったのは、私のことを好きだという人から頼まれても、恋文の仲立ちなどするのではないぞということではないか。誰であろうと恋い焦がれて手紙をくれたものを、お前の手元に留めて届けないようなことがあれば、お前は恋知らずだ。私はたまたま人間界に生まれ、しかも世間から嫌われることのない容姿であるのに、そうした情愛を知らずに生きていくのは悔しいではないか。中国の幽信《ゆうしん》▼注[3]という美少年のことを、揚州《ようしゅう》の宗玢《そうふん》が「無情少年《むじょうしょうねん》」と詩に作ったのも、その少年のつれない心のせいだ」

と言うと、角兵衛も道理をよくわきまえ、

「どっちにせよおふくろ様のようにお気遣いなさっては、世の中の若道は絶えてしまいますね」

と大笑いし、そのまま出発したのであった。

静かな夏の海を進み、瀬戸内海の重要な寄港地、室津《むろつ》より上陸して、須磨《すま》の関を通る。須磨と言えば、在原行平《ありわらのゆきひら》や源氏の流謫《るたく》の地《ち》であり、土地の女性との悲恋物語もあるところ。もし恋する身であれば、須磨と聞くだけでもつらいことだろう。さらに旅を続けて、相坂《おうさか》の関に至る。相坂と言ったら、許されざる恋をする者同士がやっと結ばれるかどうかという場所だ。もし忍ぶ恋をしていたら、さぞ身に迫るものがあるだろうと思いやられる。山科《やましな》では、玉の輿《こし》の列子《たまこ》で有名な勧修寺《かんじゅじ》の辺りから北側を見渡して、母の故郷《ふるさと》はあの山陰だなと思うが、今は親類もいないので、訪ねもせずに通り過ぎ、草津《くさつ》と石部《いしべ》の間にある梅の木茶屋に至る。産前産後に飲むとよい和中散《わちゅうさん》という薬が売られている場所である。汗のひく冷たい水が飲めたので嬉しく、江戸から迎えに来た男とここで出会い、ご奉公のあらましを聞いて玉之助も安心する。

六月の初めに江戸に到着し、間もなく殿へのお目見えも済んで、会津へお供をして下ったのであった。玉之助の志は他の若衆より抜きんでていたため、自然と殿の寵愛《ちょうあい》も深く、国中の美少年たちが皆、夕暮れ時の朝顔のようにしおれてしまった。

ある夕暮れのこと、風がやみ、蹴鞠《けまり》用に竹垣で囲った鞠場《まりば》▼注[4]の中に植えられている柳や楓《かえで》の葉も動かなくなって、蹴鞠をするのにちょうどよい感じになった。岩倉主水《いわくらもんど》・山田勝七《やまだしょうしち》・横井《よこい》隼人《はやと》・玉之助の四名は、いずれも麗しい若衆で、皆巧みに鞠《まり》を蹴り上げるので、殿のご機嫌もよく、いずれの若衆が一番だろうかと見ていると、玉之助の手前で鞠の落ちることがたびたびあった。

「日頃は家中で一番の上手で、蹴鞠の師範の飛鳥井家《あすかいけ》に生まれるような人だと評判であったのに」

と見ているうちに、たちまち玉之助の目つきが変わり、体が震え、手足が青ざめてきて、鞠装束《しょうぞく》を脱がせて休ませようとする間もないうちに沓《くつ》の音が途絶え、意識を失ってしまった。誰もが驚いて、急いで水や薬を与え、意識が戻ってから屋敷へ送り届けたのだが、さまざま医術を尽くしても全く効果がなく、次第に命が尽きようとしていた。玉之助一人のために世間の人々が息を潜めて悲しんだのであった。

ここに笹村千左衛門《ささむらせんざえもん》という武士がいた。国境《くにざかい》の番所《ばんどころ》を預かる立場で、城下の人は顔も見知らぬほどの末の役人であったが、玉之助に憧れて明け暮れ一心に思い続けていたのである。しかし、何のつてもなく、いつかは手紙で自分の思いをお知らせ申し上げようと心の中で思っていたところへ、こんなことになってしまった。もしもお命に障るようなことがあれば、自分もこの世で生き永らえることはできないと思い定め、玉之助の玄関まで来て、他の見舞客と同様に記帳しては帰り、また昼に来て病状をおうかがいし、夜に入ってからも「ご容体は」とお尋ねして、日に三度ずつ半年あまりも通い続けたのであった。

ついに玉之助は、危うい命を助かった。身を洗い清めて月代《さかやき》を剃り、まず殿に御礼を申し上げてから、重臣を一人残らず回ってご挨拶をする。それから自宅に帰り、角兵衛に言って見舞帳を取り寄せて見ると、笹村千左衛門という書き付けが、病気になった日から今日に至るまで、毎日三度ずつ記されているのを見て、

「これはどのようなお方だろう」

と尋ねたけれども、誰も知っている者がいない。

「てっきり、お家《いえ》にゆかりがあって通ってらっしゃるんだと、みんな思っておりました。というのも、玉之助様のご気分はいかがでしょうと、それはしみじみと様子をお尋ねになるのです。よいと申し上げれば喜び、悪いと申し上げれば、たちまち目の色が変わるという具合で、もう他の人たちとは全然違って、ひどい嘆きぶりに見えましてな」

と角兵衛が語って差し上げると、玉之助は、

「まだお近づきにならないうちから頼もしいお方だ」

とだけ言って、それ以上は語らず、はるばる千左衛門の屋敷を訪ねて行ったのである。

「病中見舞の御礼に御門前まで参りましたのです」

と申し入れると、千左衛門が駆け出してきて、

「これはこれはありがたいことです。こんな野《の》っ原《ぱら》の末まで、病み上がりの身で外出なさり、またもや、お風邪なんぞを召されては大変。風が激しく薄《すすき》を鳴らしているこんな夕暮れですから、とにかくご帰宅くださいませ」

と申し上げると、

「この世は稲妻が光る一瞬のうちに過ぎてしまうものですから、私の命もいつ尽きるかわかりません。次の機会を待つなんて無理です。少しお話し申し上げたいこともありますし、とにかく心がやるせないのです。ちょっとそちらへ参りまして」

と強く言って、書院に通してもらった。二人より他には庭の松があるばかりである。その庭に近いところに玉之助は遠慮がちに座り、

「私の胸のうちを申し上げましょう。このたびのあなた様のお心遣いのことを考え合わせますと、ちょっとこう申し上げては失礼ながら……人の数にも入らないような私のことを、ひょっとして思っていてくださるのではないかと……もしもそうであるならば、今日から我が身を任せたいがために、忍んでここまで来たのです」

と語った。

千左衛門は顔を真っ赤にして涙を流している。折からの時雨に紅葉の色も深くなるような感じで、泣けば泣くほど顔も赤くなる。しまいには本心が現れて、

「とにかく言葉では申し上げるのも難しい。正八幡宮《しょうはちまんぐう》の内殿に私の思いを籠《こ》めてあります」

と言うので、玉之助はすぐに参詣して、神主の右京に事情を聞くと、

「ご病気平癒《へいゆ》のためと言って日参《にっさん》され、願状《がんじょう》を入れた箱を奉納されてございます」

と話す。

「それを」

と開いて見ると、貞宗《さだむね》の守り脇差《わきざし》▼注[5]が入れてあり、そのそばに、筆を尽くして玉之助の身の上を祈った一通の書状が添えられてあった。

「さては明日もわからないような危うい命であったのに、この願力《がんりき》のおかげで助かったのですね。こうなったら、いよいよお見捨て申すことはできません」

と言って、ついに玉之助は千左衛門と衆道の契りを結んだのであった。このことが早くも漏《も》れ伝わり、お仕置き役人が取り調べた上で、二人同時に、最も重い監禁刑である閉門《へいもん》となった。玉之助は初めから我が身は死んだものと思い定めていたので、全く嘆くこともなく、千左衛門とこんな時の連絡手段として、隠れて手紙のやりとりをする方法も決めてあったため、長い年月そうして過ごしていたのだが、ついに、

「今はこの世に飽き果てました。三月九日に切腹を仰せ付けくださいましたらば、ありがたいことでございます」

との訴状を殿に差し上げたのであった。その日を待っていると、横目付《よこめつけ》がやってきて殿のご意向を申し渡したのであるが、玉之助には何のお咎《とが》めもなく、元服するようにとだけ仰せ付けられ、千左衛門にも特段のお咎めはなく、お許しになったのであった。このように特別なお取り計らいをいただいた上はということで、互いに申し合わせて、玉之助が二十五歳になるまでは今後一切連絡を取り合わないと決意し、外で顔を見合わせることがあっても互いに言葉を交わすこともせず、殿のご恩を忘れず、ご奉公に励んだとのことである。

▼注

［1］十月最初の亥の日――もとは宮中年中行事の一つで、天皇に餅が献ぜられ、お下がりを臣下が厄除けとしていただいた。猪の多産にあやかり、子孫繁栄の祈りを込めているとも。江戸の武家では、十月最初の亥の日に玄猪《げんちょ》の祝儀がある。

［2］龍神に珠を奪われた伝説――中国より日本に渡来した面向不背の珠が龍神に奪い取られ、志度《しど》の海底に沈められるが、海女《あま》が潜って取り返したという伝説。謡曲『海女』に取り込まれ、広く知られていた。

［3］幽信――未詳。仮名草子『心友記』（寛永二十年刊）によると、中国において、国中にその名を知られた美少年でありながら、情けの道を知らなかったばかりに、死後も、その墓のそばを通りかかった揚州の守護宗玢に「無情少年」（情けのない少年）と詩に作られたとされる。

［4］鞠場――蹴鞠の競技場。四隅に植える木を「懸《かかり》」と呼び、北東に桜、南東に柳、南西に楓、北西に松を受けるのを本式とする。鞠が枝にかかって、落ちる位置がさまざまに変化するのを楽しんだ（図①、本話挿絵）。

［5］貞宗――鎌倉末期の相模の刀工。

図①

4 玉章《たまづさ》は鱸《すずき》に通《かよ》はす

煮え切らないなら、愛する兄分だって斬り捨てる

《あらすじ》

松江藩の増田甚之介《ましだじんのすけ》は、出雲大社に集まる神様たちも日本一との太鼓判を押す美少年。今や匂い立つ青葉の十六歳、まさに若衆盛りである。片や同じ家中に頼もしき若侍、夏木立の茂れる森脇権九郎《もりわきごんくろう》は二十八歳。二人は、世間を忍んで当地の名物、松江の鱸《すずき》の口に手紙を入れて気持ちを確かめ合った仲だった。そこへ同じ家中の半沢伊兵衛《はんざわいへえ》が横恋慕を仕掛けた。甚之介の身を案じた権九郎は、伊兵衛を侮ってはならない、相手が満足するような返事をいたせと甚之介を諭す。ところが血気盛んな甚之介は、権九郎に裏切られたと思い、伊兵衛を討った後、返す刀で兄分をも斬り捨てようと考えた。そして果たし合いの日、甚之介は今日までの思いの丈を長い手紙にしたため権九郎に残す。この手紙を受け取った権九郎は、すわ甚之介を追いかけて果たし合いの場に参上した。甚之介は「腰抜けに助太刀無用！」と権九郎を追い返そうとするものの、結果共に奮戦し、伊兵衛はじめ相手一味を散々に斬り伏せた。

本章は、『男色大鑑』の代表作の一つとして評価が高いが、ほぼ西鶴と同じ内容で他の人の筆による実録風の写本がある。しかし西鶴は細部にわたって表現を吟味・改訂し、より激しく、より美しい甚之介像を作り上げることに成功している。

中国の古い詩に「年年歳歳《ねんねんさいさい》花《はな》相似《あいに》たり、歳歳年年《さいさいねんねん》人《ひと》同《おな》じからず」とある。毎年花は変わらずに美しく咲くけれど、その花を見る人は年々老いて昔に比べるべくもないと言う。ことさら若衆の盛りは短く、十八、九歳になって振袖の脇を塞《ふさ》いで詰袖《つめそで》にすれば、多くの人々の涙を降らせ、前髪に剃りを入れて半元服の印たる角前髪《すみまえがみ》▼注[1]になれば、風が吹き荒れる騒ぎとなる。そして元服すれば皆、花が散るよりもつらく悲しい思いに沈むのである。これを思うと、男色の情《なさけ》が夢よりもはかないことを思わないわけにはいかない。

さてここに、「八雲《やくも》立つ、出雲八重垣《いずもやえがき》」と謡われた出雲国、その松江藩城主、松平氏に仕える増田《ましだ》氏の次男甚之介《じんのすけ》は、生まれついた美少年で、文武の諸芸に通じ、十一歳の春を迎えたところであった。この者を恋い慕わない者はなく、出雲大社に集まった全国の神々も、これほどの美少年は他国にあるまいと噂《うわさ》されたほどである。

甚之介が念者として男色の契りを結んだのは、同じご家中の森脇権九郎《もりわきごんくろう》であった。権九郎は今年二十八歳で、何事においても人より優れており、頼もしい武士であった。権九郎は甚之介が十三歳になった折から憧れ、草履《ぞうり》取りの伝五郎に取り入って、恋文を書いて送ろうと思ったものの、甚之介との契りは家中に知れてはまずい。そこで、松江（宍道《しんじ》）湖で取れる鱸《すずき》の口に手紙を入れて、供部屋まで送り届けた。その翌朝、伝五郎は甚之介の髪をくしけずり（とかして整え）ながら、恋文を甚之介の懐にそっと忍び込ませた。伝五郎が鏡を見れば、そこには普段と変わらない甚之介の顔が映っていた。そこで「今日はご機嫌が良いに違いない。今お伝えせねば」と、権九郎が甚之介を思うあまりに焦がれ死にしそうなありさまであること、それがあまりに憐《あわ》れで不憫《ふびん》なことなど、言葉を尽くして申し上げた。すると甚之介は、その手紙を開けて見ることもせず、せわしく硯で墨をすって筆を執り、

「兼ねてから拝見していたお姿に、いま伝五郎が申したことと思い合わせれば、愛おしさと嬉しさは限りありません。今日からは、世間が私たちをどう非難しようとも、兄弟の契りを交わしましょう」

と返事をしたためると、権九郎からの手紙も一緒にそのまま封じ込めた。そして、

「たとえわずかな時間でも恋文を待つ身はやるせないものでしょうから、返事をすぐ先方にお渡ししなさい」

と仰った。これは優美なお心遣いだと伝五郎は水櫛《みずくし》を捨ててその場を離れると、権九郎のもとに行って、その手紙を渡しながら、あらましを語った。権九郎は、

「かたじけないという通りいっぺんの言葉だけで、どうしてこの気持ちを表せようか」

と、まだ逢いもせぬうちから泪《なみだ》で袂《たもと》を濡らした。そして、甚之介十四歳の夏の夜に、まるで人が待ち焦がれてようやく啼《な》き声が聞けるというホトトギスのように、二人は情けをかけ始めて、他人に知られないようにひそかに戯れた。そして甚之介十五、十六歳の秋までは、月より外にこのことを知る者はいなかった。

　ところが、「一河《いちが》の流れをくむ」というように、恋も前世からの因縁なのであろうか、同じ

家中で身分が低い奉公人に、半沢伊兵衛《はんざわいへえ》なる者がいた。この者、甚之介を恋するあまり、甚之介の使用人の新左衛門に無理やり頼み込んでは手紙を送ったものの、甚之介は一向に返事をしない。伊兵衛の方も意地になって引っ込みがつかなくなり、

「何のお返事もいただけないのは、私の身分が低いからに違いありません。すでに契りを結んでおられる方がいるのなら、その方の名をお聞かせください。さもなくば出会い次第にお恨みの一太刀を浴びせ申し上げることになります」

と、命を捨てる覚悟で申し上げた。甚之介は、今まで権九郎に隠していたが、いざという時の後ろ盾にもと考えて、このことを権九郎に語った。すると権九郎は、

「身分が下の者だからと言って侮ってはなりませんぞ。世には命があってこそ、こうしてお会いもし、楽しむことができるのですから。先方の心が落ち着くような返事を考えてみたらいかがでしょう」

と申し上げた。甚之介はこの言葉を聞くや否や血眼になって「深く契りを交わしたからには、たとえ殿様のご命令であっても従うことはありえないはず。それを、この男は何とふがいない。いっそ、ここでこの男を斬り殺してしまおうか」と考えたが、「まずは伊兵衛を武運に任せて落ち度なく討って捨て、返す刀で権九郎も生かしてはおくまい」と心に決め、何事もなかったかのように普段通りの様子で宿へ帰っていった。そして伊兵衛に、

「ひそかに募らせていたお恨みのご心情、今宵、この世の煩悩を晴らさせてあげましょう。天

神の松原にお出向きくだされ」

と果たし状をしたため、新左衛門に申し付けて、すぐに伊兵衛方へ送らせた。そして三月二十六日の昼過ぎに城を退出した甚之介は、やおら聞こえてきた日没を知らせる鐘も、今日限りだとは思いながらも、諸行無常《しょぎょうむじょう》はかねてより覚悟のことと一向に心がざわつく様子はなかった。むしろ、いつもより機嫌よく両親に挨拶もし、諸親類はもとより、親しい友にも手紙を書き残し、これが恨みの書き残しとして、権九郎方への一通、胸にあること一つ一つを順序立ててしたためたのであった。

誠に最初から、私の身は私のものではないと申し上げておりました。それは、貴方様《あなた》とこのような間柄だと人に知られれば、そのままではいられないと普段から思っていたからです。よって、このような事態になりましても一向に難儀とは思いません。今晩、山寺に行きまして、相手を討ち果たします。今までのよしみを思われるなら、一緒に命を捨ててくださっても惜しくはないはずとも思いましたが、それはそれ。親しくなってから今までのお恨みを今申さないでは、あの世へ行く折の障《さわ》りにもなろうかと思い、そのあらましを書き残します。

一つ。貴方様の御屋敷まで、はるか遠い道のりを通いました。数えれば三年のうちに

三二七度になります。そのうちの一夜とて難儀なことに遭《あ》わないことはありませんでした。我々の行動を監視する横目付《よこめつけ》の夜回りを避け、ある時は下男風の服装にして、丸袖で顔を隠しながら、またある時は杖《つえ》を突き、提灯《ちょうちん》を掲げて老人の体、または出家した御坊様の姿となって通い詰めました。他人は知らないことですが、ここまで心を尽くしたのに、こんなことがありました。昨年の十一月二十日の夜のこと。貴方様を思い続けたためでしょう、にわかに病になりました。宵の口は母が枕元にいらして自由になりませんでしたが、人の命は朝を待たないもの、貴方様にお会いできずに果ててしまったらと考えると悲しく、更けゆく月明かりを恨みながらも、乱れ姿にて貴方様のお家の笹戸の陰に忍びました。ところが貴方様は私の足音と知れると、灯を消したばかりか、それまでのお話も止《や》めてしまわれましたね。何とひどい仕打ちでしょう。この時のお客はどなたかお聞きしたい。

一つ。この春、かの狩野探幽《かのたんゆう》が花軍《はないくさ》▼注[2]の絵を描き付けた扇の裏に、私が「恨《うら》み侘《わ》びほさぬ袖だに」▼注[3]の歌を無造作に書き入れましたところ、「この夏はこれにて恋風を起こし、暑さを凌《しの》ぎたいものだ」と仰って、私を喜ばせてくださったのに、間もなく、「この筆者、代待手《だいまちて》▼注[4]のように下手」と落書きをなさって、下人の吉介《きちすけ》にあげておしまいになったでしょう。また、餌指《えさ》し▼注[5]の十兵衛《じゅうべえ》方から手に入れなさった雲雀《ひばり》をひそかにお持ちでいらしたのを、私が欲しいとお願いしたにもかかわらず、北村庄八殿にお渡しになりましたね。北村殿はお家中一番の若衆様なれば、今になってもうらやましくて仕方がありません。

一つ。本年四月十一日に、お家中の奥小姓はすべて馬に乗るようにと、殿からのお達しがあった際、節原太郎左衛門《せつばらたろうざえもん》殿が私の袴をおさえて、「後ろに泥が付いておりますよ」とその泥を払ってくださいました。貴方様は私のすぐ後ろに立ちながら、教えてくださらなかったばかりか、小沢九郎次郎《くろうじろう》殿と目配《めくば》せをしてお笑いになりました。年来の情けからしてあるまじきことでしょう。

一つ。五月十八日の夜中過ぎまで、私が小笠原半弥《おがさわらはんや》殿の宅で話をしていたのを、後にご立腹されましたね。その晩もお話しいたしましたように、謡曲の稽古に小垣孫三郎《おがきまごさぶろう》、松原《まつばら》友弥《ともや》殿と共に参上して、この外に客はありませんでした。半弥殿はいまだ若年の身、孫三郎殿は私と同い年、友弥はよくご存じの者、毎夜に集まっても、これは差し障りのあることではありますまいに、今になってもまだ疑われて、時折に当てこすりを言われます。これが心懸かりです。日本の諸神に誓って嘘偽りのないことなのに、その口惜しさは、この時に至っても忘れることができないものです。

一つ。兄弟の契りを結んでこのかた、去りがたい曙の別れに、我屋敷近くまで送ってくださっても良さそうなものを、いつも村瀬惣太夫《そうだゆう》殿の門前よりお戻りになり、采女《うねめ》殿の前の橋まで送ってくださったのは、三年のうちたった二回のみでした。本当に愛《いと》しいと思っておられるなら、虎狼《ころう》が住む野辺までも送ってあげたいとお思いになるに違いありません。

あれやこれやと恨みはあっても、それ以上にお慕いする気持ちが強いのは、前世からの並々ならぬ因縁に違いなく、泪を流すより他にありません。これまでの好《よしみ》に一度でも良いですから、供養をしていただきたく存じます。夢と思えば現《うつつ》、現と思えば夢、そうした世のはかないことを我が身にたとえればおかしさだけが募ります。

花盛りおもはぬ風に朝顔の夕影またぬ露の落ちかた

（盛りを迎えた花は、今思いもしなかった嵐に吹かれ、まるで朝顔の露が夕日を待たずして落ちてゆくように、散ってしまうのです。それと同じように、若衆の盛りを迎えた私も、思いもしなかった事件に巻き込まれて死地に臨みます）

とだけ甚之介は書き付け、「言い残したことばかりが多いのですが、今日限りの暮も近づきました。名残惜しさもここまで。寛文七年三月二十六日」と筆を止めて、

「森脇権九郎方へ、今宵四つの鐘の鳴る時分（午後十時頃）に持って行きなさい」

と伝五郎に申し付け入相《いりあい》の太鼓が鳴り出すと天神の松原へと駆け出した。

決闘場へゆく甚之介の衣装は、この世で最後の着納めということで実に華やかなものであった。まず肌着には白袷《あわせ》、上着は浅黄《あさぎ》色の小袖で、腰の部分にかけて紫色に染め分けた上に、五色の糸桜を使った刺繍を施したもので、銀杏に丸の定紋《じょうもん》▼注[6]が実にいじらしく可憐であった。その上に、大振袖の裏に染め込んだ紅葉がほのかに目立ち、鼠色の八重織の帯、肥前は忠吉《ただよし》▼注[7]の二尺三寸、同じ忠吉の一尺八寸の脇差、小柄《こづか》▼注[8]は抜き捨てて、目釘▼注[9]を新しく仕込み直した。そして、城下より一里（約四キロメートル）ほど離れた天神の松原へ行き、大木の楠《くすのき》を背にして、蔦《つた》かずらで覆《おお》われ見えなくなった岩に腰掛けて、相手が来るのを待っていた。暮に及んで早くも人の顔が見えにくくなった折、大息をつきながら権九郎が駆け付け、

「甚之介か」

と言葉をかければ、甚之介は、

「腰抜けに知り合いはいない！」

と言った。権九郎は泪を流して、

「この期《ご》に及んで申し開きはいたさぬ。あの世へ向かう三途の川にて、積もり積もった心のうちを明かしましょうぞ」

と申すと、

「無用の助太刀、必要なし！」

と二人論じるうちに、半沢伊兵衛は同じ家中の荒くれ者十六人と語らいながらやって来た。甚之介、権九郎、伊兵衛、下男の吉介、四人の主従は一度に刀を抜き合い、ここを命の捨て場所とし、入り乱れての斬《き》り合いとなった。甚之介が手にかけて斬り捨てた者二人、権九郎は太刀先で四人を斬った。相手方、十六人のうち、伊兵衛を含む六人は即死し、傷を負った者七人、後はどこかへ逃げ去った。味方も、小者の吉介が即死し、権九郎も目の上に浅傷《あさで》を負い、甚之介も右の肩先に二寸（約六センチ）ほどのかすり傷を負った。思う存分の働きを終えて、近くにある永運寺《えいうんじ》に忍び入って住職に、

「ここで私たちは切腹いたしますので、後のことはご住職にお頼みしたい」

と申し上げると、住職は両人の切腹を押し留めて、

「これほどまでに立派な振る舞いをなされたのだから、いっそのこと、この喧嘩の次第を老中・大横目付まで申し上げて、諸人《しょにん》の中で腹をお切りなさい。そして世に名を遺《のこ》されよ」

と、言葉を尽くしていさめたのであった。それから番所に連絡が行き、事件のあらましを申し上げると、御詮議の後、目付衆を遣わして「切腹はしばらく待つように」とのお達しがあった。そしてその夜に城へ引き取り、親類縁者に預けられた上、「傷の養生をいたせ」とのご命令があった。また「相手方で逃げてしまった者、出会い次第に打ち捨てよ」と仰せ付けられて、国中を船留めにした結果、手負いの者も穿鑿《せんさく》の後、皆打ち取られた。

その後、お上は甚之介のことを、掟《おきて》に背いたこと不届き千万《せんばん》ではあるが、親の増田甚兵衛《じんべえ》が

忠孝の者で、甚之介もかねてご奉公をよく勤め、ことさらこのたびの振る舞いは、若年にしては神妙なる働きがあったことで、その罪を許された。また権九郎のことも、甚之介を許す上は何の子細もなく許されるとともに、従来通りの御城番組《ごじょうばんぐみ》に組み込まれ、「当月十五日より出仕いたすように」との重ねてのお達しがあった。

かの永運寺に行き、その時の甚之介の働きを見ると、刀に斬り込みの跡、七十三カ所、鞘《さや》にも斬り付けられた箇所、十八カ所、着物はただ紅《くれない》に染まり、左の袖下も切り落とされていた。このような激しい斬り合いの中で、その身は深手を負わなかったこと、また例《ためし》もなき若武者ぶりに袂を泪で濡らさぬ者はなかった。さらに、この寺にて伊兵衛とその一味の亡骸《なきがら》を懇ろ《ねんご》に弔《とむら》ったのは、何とも優しい心がけだと人々は噂《うわさ》したのであった。

このような美少年、末の世の語り草にするにしても、せめても、この甚之介の書き置きを黒焼きにして、心の定まらぬ現代の若衆たちに飲ませたいものだ。

「若道の名香」と記して、何者かが永運寺の中門に、

「森脇に十双倍《じゅうそうばい》の御心中伽羅《ごしんちゅうきゃら》にも増田甚之介殿」

（森脇に十倍も優る甚之介殿の勇武さは、香にたとえればまた最高級の伽羅にも勝る香りがするのでありましょう）

と貼り紙を書き付けて、諸人の噂の種となったのである。こうした優れた働きを見習って、国中の武士たる人の子は当然のことだが、天秤《てんびん》で苦労する町人の倅《せがれ》たちや、竜骨車《りゅうこしゃ》▼注[10]で水をくみ上げる里の子どもたち、塩を焼く海辺の日焼けした小坊主どもまでも、身形《みなり》や動作は賤《いや》しくても、皆衆道に命を惜しまないようになった。世間では兄分のいない若衆は、夫を持たない女のように思われて、時の勢いとは言いながらも、男女の恋は闇、衆道は昼となった。

▼注

[1] 角前髪――口絵・若衆図、22頁注[5]参照。

[2] 花軍――中国の玄宗皇帝の「花車」ではなく、謡曲『花車』のこと。謡曲『花車』には男色を象徴する花「菊」「水仙」「仙翁花」が登場する。

[3] 「恨み侘び」の歌――「うらみわびほさぬ袖だにあるものを恋にくちなん名こそをしけれ」(『後拾遺和歌集』巻十四)相模作。後の『小倉百人一首』にも入集した有名な歌。

[4] 代待手――主人に代わって寺社等に参拝する人の筆跡。下手な筆の代表とされた。

[5] 餌指し――鷹の餌にする小鳥を取る職業。

[6] 銀杏に丸の定紋――図①参照(丹羽基二『家紋大図鑑』秋田書店、一九七一年より)。なお、「定紋」とは家々にて定まっている正式の紋のこと。

[7] 肥前は忠吉の二尺三寸――肥前(現在の長崎県と佐賀県の一部)の名刀工。初代忠吉(後に忠廣と改名)は元武士で橋本新左衛門と称した。図②は長さ一尺五寸五分の脇差(小泉久雄『日本刀の近代的研究』丸善、一九三三年)。忠吉は、刀文(刀身に出る波紋の文様)の美しさで評判を取った。美少年の甚之介が持つ刀としてふさわしい。

［8］小柄——小刀の柄、もしくは小刀。刀の鍔《つば》下に装着させた。
［9］目釘——刀身が柄から抜けないための留め具。主に竹製。
［10］竜骨車——田に水を汲みあげる仕掛けのひとつ。

図①

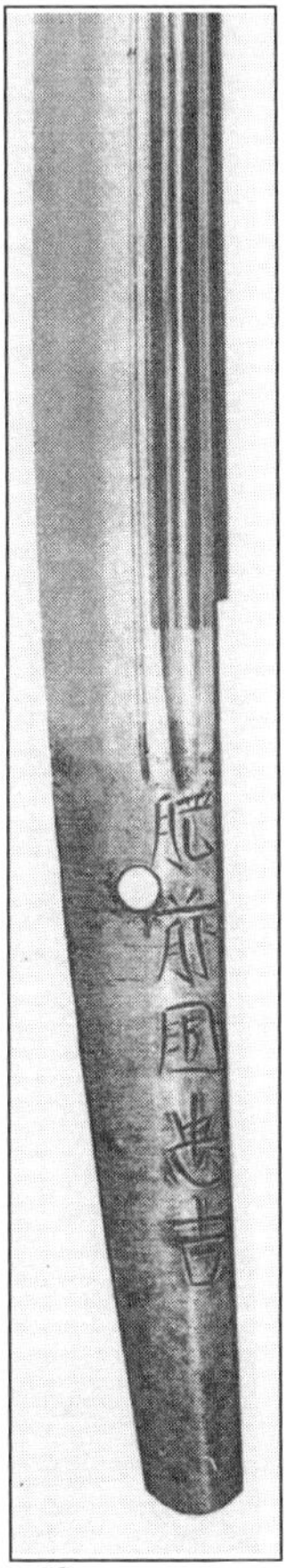

図②

5 墨絵《すみえ》につらき剣菱《けんびし》の紋《もん》

丹之介《はるたん》を救った大右衛門、恋は幸せな結末のはずだったのに

《あらすじ》

長年の浪人時代を経て、ようやく奉公先を見つけた薩摩藩の若侍、島村大右衛門《しまむらだいえもん》。ある夜、文箱《ふばこ》（手紙の入った箱）を人目に付くところへ置き去る不審な男を見つけ、その身を捕らえる。文箱は、岸岡龍右衛門《きしおかりゅうえもん》が自分をふった春田丹之介《はるたたんのすけ》にあらぬ疑いをかけて陥れるために仕掛けた罠《わな》であった。大右衛門は、丹之介の身の潔白を示すため、丹之介の家の前に捕らえた龍右衛門の下男を置き去る。おかげで丹之介は罪に問われずにすんだ。時は過ぎ、丹之介は、自分の身を助けてくれた恩人を探していた。その恩人が大右衛門であることを知った丹之介は、いつしか大右衛門と恋仲となる。ところが、そんな二人の仲を引き裂く悲劇が起こる。二人の出会いと別れは偶然なのか、それとも必然なのか。西鶴が織りなす悲しき男たちの恋愛譚。

畳船《たたみぶね》▼注[1]という、組み立て式の船がある。旅の着替えなどを入れる挟箱《はさみばこ》▼注[2]に収まる大きさのものだが、三人ほど乗り大河を越せるので、いざという時には役に立つ代物《しろもの》だ。挟箱にその畳船を入れ、その他、浮沓《うきぐつ》▼注[3]や棒火矢《ぼうびや》▼注[4]などが扱えることを自分の長所として申し立てたところ、差

し当たり二〇〇石ほどで召し抱えられることとなった。その島村大右衛門《しまむらだいえもん》は、長い間勤め先がない浪人であった。まずはこの二〇〇石で身を立て、以前からの望みはまたいつか叶えようと過ごしているうちに、早くも二十七歳となってしまった。

すぐ下の妹は、丹波《たんば》の笹山《ささやま》に住んでいたが、夫に先立たれ、十九歳で河内国道明寺《かわちのくにどうみょうじ》の尼となった。それ以来、連絡もなく心配していたが、この前の五月頃手紙が届き、道明寺名物の花粉《はなこ》▼注[5]を送ってきた。その妹の心のこもった花粉を、鹿児島の水に浮かべて飲みながら暑さをしのいでいるうちに、振袖姿だった頃の妹を思い出した。そして紅染めの単《ひとえ》の着物が好きでよく着ていたものをと、それまでの汗は泪《なみだ》に替わり、妹の身の上を嘆くのであった。

二番目の妹は十四歳である。まだ嫁ぎ先も決まっておらず、老いた母、大右衛門とともに鹿児島へと移住したものの、見も知らぬ他国で落ち着かない暮らしをしている。武士の暮らしほど不安定なものはない。早くに父を亡くした大右衛門が、いっぱしの侍でいられるのはすべて母の働きのおかげである。そう母に深く感謝していた大右衛門が、朝の嵐にも母を労《いたわ》り、夜の寝間《ねま》の支度も下女にはさせずに自らするので、妹も自然と母を労り、真綿を引き伸ばす手仕事を途中で止めて枕を母のために準備し、僧侶などが用いる丸絎《まるぐけ》の帯や数珠袋などもよく整理して、孝を尽くした。親に対してはこうあるべきであろう。

ある時、大右衛門は夕暮れ時に急いで深沢という所へ蛍見物へと出掛けた。その途中、町から外れた野辺に、ひとむらのススキや花菖蒲《はなしょうぶ》が茂っていて、道端からすぐ見えるところにさらさらと水が湧き出てくる埋もれた井戸があった。その脇には弘法大師の作と伝える石地蔵があり、先祖供養に参詣する人はここにお参りをして水を手向けるのであった。ちょうどそこを通りかかった時、侍の下人らしき男が、真新しい文箱《ふばこ》を一つ懐から出して、その石地蔵の前に置くと、周囲を警戒しながらわざと忘れていく様子である。きっと何かあるにちがいないと思った大右衛門は、男を追いかけ、

「なぜあの箱をあそこに捨てていくのか」

と尋ねると、男は驚いた様子で返事もせずに逃げようとした。

「この曲者！」

と捕らえて里より遠い野寺《のでら》に連れて行き、いろいろと詰問するも一切話そうとしない。下人とは言え武士の従者、捕まえただけも問題になるのに、大右衛門は、さらに男に縄をかけ、嫌がる住職に男の身柄を預け、先の文箱を取りに戻った。しかし、時すでに遅く、不審に思った村人が文箱を奉行所へと届け出た後であった。

その夜、奉行所では役人が集まり、

「上書きはないが開けてみよう」

とこの文箱を開け、中を確認したところ、

「ご相談にあずかった毒薬を差し上げます。早速かの者にお与えなさるがよいでしょう。この手紙はご覧になったら火中へ」

と記されていた。手紙の末尾には丸の中に剣菱の紋所が書かれ、念を入れて結んだ袋が一つ入っていた。役人たちは驚き、詮議をしたところ、春田丹之介《はるたたんのすけ》という者の定紋《じょうもん》であることがわかった。ひそかに丹之介を呼び詰問するも、丹之介には一切覚えがなく、ひとまず家にて謹慎することとなった。

大右衛門はこの話を聞きつけ、捕らえた男を夜更けに丹之介宅の門前に連れて行き、駒寄せ▼注[6]にくくり付け、「このたびの文箱の子細はこの者が知っている」と貼り紙をして立ち去った。

夜が明け、この男を見るとすでに舌をかみ切り自害していたが、その男は紛れもなく岸岡竜《きしおかりゅう》右衛門《えもん》の下人であった。さては竜右衛門の仕業と、屋敷を訪ねてみれば、すでに家を出て行方《ゆくえ》知れずであった。その後、役人たちは丹之介を呼び寄せ、

「思い当たることはあるか」

と尋ねたが、丹之介は、

「思い当たることはありません」

と答えた。人々は詮議しかねたが、

「竜右衛門が出奔したのは、身に落ち度があるからであろう。見つけ次第に討ち果たすように」

と仰せがあり、丹之介は罪を問われることなく、今まで通りご奉公を続けることとなった。

それからしばらくして、丹之介は信頼できる友に、

「以前から、竜右衛門は、私に執心の手紙をたびたび送ってきたが、あのようなあさましい彼

の性格を感じ、返事をしなかったところ、その恨みに今回のことをたくらんだのであろう。とはいえ、恋心からの悪事なれば、殿や世間には包み隠そうと存じます」と事の次第を打ち明けた。すると、この優しい志は自然と人々に伝わったので、世間では丹之介を当代随一の若衆と囃《はや》したてた。

丹之介は七歳の時より容姿に優れ、しなやかな姿は「一笑百媚《いっしょうひゃくび》（ちょっと微笑んだだけで、周囲をとりこにしてしまう）の風情」と言われるほどで、彼を見た者は男と思わなかった。そんな丹之介が、今年十五歳になるまで兄分がいなかったのは、「離家の美花は人も折らず（美しい花は人がやたらに手を出さないものだから、いつまでも美しい姿で咲いている）」と唐の詩人李太白《りたいはく》が詩に詠んだように、彼が優れた美少年であるため、周囲も特別に許したのである。

さて、春田丹之介が難儀を逃れられたのは、竜右衛門の下人が現れたからである。この下人を連れて書き置きしてくれた恩人を、丹之介はあの人だろうか、この人だろうかと考えを巡らせてみたが、突き止めることができないので悲しく、いつかその方に出会えるようにひたすら神に祈るしかなかった。

それから、秋、冬と気がかりのまま時は過ぎた。やがて年が明け、雪も解けて山の松も姿を見せ、日の光に水かさも増え、普段は見られない滝が谷合にかかった頃、丹之介は小川で鮎をすくうのも風流だと出掛けた。ある里近い野辺に、美しい娘とその母親が下女たちと芽華《つばな》や土筆《つくし》、嫁菜《よめな》などを摘んでいるところを見かけた。しばらくその一行を眺めていると、娘の方も気づき、母に何かささやいた後、懐紙《ふところがみ》に何かを書き、草の葉に結び捨て、岩の陰道奥深くへと入っていった。丹之介はこの姿に心惹かれ、立ち寄りその手紙を読んでみると、

「この野辺も人目が多いので、これより藤見寺の南側の山原に行きます。大右衛門様」

と書き記してあった。後より追ってくる人に知らすべき手紙であろうと、気を付けて見ると、女筆ながらいつぞやの貼り紙の筆跡とそっくりであった。不思議に思い手紙を眺めていると、そこに大右衛門がやって来てその書き付けを取っていこうとした。丹之介は思わず、

「大右衛門殿と申す方は、あなた様でしょうか。私は、春田丹之介と申します。同じ家中《かちゅう》にありながら、いまだお近づきにもならず居ります。そんな者が藪から棒に失礼とは存じましたが、一つお尋ね申したいことがあります。昨年の五月、竜右衛門の下人を捕まえてくださったのはあなた様でしょうか」

と言葉をかけると、

「いかにも拙者です。良い時にお会いできた」

と事の子細を話してくれた。丹之介は、

「お心尽くしのほど、誠にかたじけなく存じます。知らぬこととはいえ、月日が過ぎてしまいましたのは、朽ちた木、砕けた石のように心無い者とお思いでしょう。申し訳ありません」

と涙を流した。大右衛門は、

「いやいや、名乗り出なかったのは拙者の方です。とりわけ、新参者ですから遠慮してしまい、

かえってご心配をおかけしました」

ともらい泣きした。それから二人は互いを思い始めて、特に固めの盃なども交わすことなく、自然と衆道の契りを結ぶこととなった。そして、大右衛門は、人目を忍びながらも屋敷裏の大河を越えて丹之介の寝所《しんじょ》に通い、愛を語り合った。

こうして、二人が何事もなく幾夜も逢瀬《おうせ》を重ねていたある夜のことであった。隣屋敷の欠作《かけづく》りの茶室に若侍たちが集まり、宵頃から、中将棋《ちゅうしょうぎ》を指し、酒盛りをして盛り上がっていた。十月四日の夜空は、晴れたり曇ったりと変わりやすく、さながら定めがたい人の運命のようであった。大右衛門は、いつもと同じ忍び姿で、岸辺の葦《あし》陰に着物を脱ぎ捨て脇差一腰となって、丹之介への思いを胸に、川を渡って行った。早瀬にさしかかると波が肩を越し、魂の沈む思いをすることもたびたびあった。ようやく石垣に到着し、約束通りに仕掛けてあった細引き（細ひも）を頼りに庭の切戸に立ち寄ると、少し戸が開けてあって、灯がかすかに見え、物静かであった。いつもと様子が違うと大右衛門が中をうかがっていると、丹之介が障子を激しく開け、

「夢とはいえとても悲しや……」

と独り言を言って泣いていた。

「大右衛門だ」

と声をかけると、

「うれしや」

と丹之介は、濡れ姿のままの大右衛門を、自らの肌着の中へと巻き込んだ。

「先ほど悲しそうだったのはどういうわけですか」

と大右衛門が尋ねると、

「今宵はいつもより待ち遠しく、夜中の十二時を知らせる時計の音を聞きながら寝入ると間もなく、あなたの渡ってくる川の中ほどで、流木があなたの足に絡み付き、それによってあなたが亡くなってしまう夢を見ました。こんな儚《はかな》い夢は、一体いつの世から見られるようになったのでしょう。本当につらいことで、海を渡って恋鹿に会いにゆく雄鹿の昔話▼注[8]のことまで思い起こされました」

と丹之介はまた涙を流した。

「しばらく会えない時などは、夢でも会えることほど楽しみなことはありませんよ」

と大右衛門は丹之介を慰めた。これが最後ではないので、起き上がって別れを告げ、帰り際にまた丸裸となって川を渡るのも、恋すればこそである。丹之介は、川浪に大右衛門の面影が見える間はその跡を目で追ったが、その姿もはるか彼方となった。しかし、隣の茶屋の若侍たちはこの姿を見つけ、

「大きな鳥がいるぞ！」

と、弓稽古に遠矢を放った。大右衛門は、横腹に矢が刺さったまま自宅に戻ると、丹之介に咎めが及ばないようにと、わざと狂気の書き置きを残し、潔く自害を遂げた。大右衛門の最期の

様子は国中の噂となった。丹之介は大右衛門宅に駆け付けたが、大右衛門の母や妹の嘆きは見ていられないほど深かった。

「命があるからこのような悲しい目にあうのだ」

と大右衛門の亡骸《なきがら》に取り付き、二、三度、刀に手をかけたが、しばらくして心を落ち着かせ、

「この矢は……」

と取り上げてみると、「藤井武左衛門《ふじいぶざえもん》」と記してあった。

「さては、この敵を討たなければ」

と悲しみに暮れながら、丹之介は家路に就いた。大右衛門の母と妹は、彼の亡骸を松林寺に送って葬った。

それから日は過ぎていき、丹之介は毎日墓参りをして、

「そのうちあなたのもとへ行きます」

と墓前に誓った。敵討ちは大右衛門の四十九日にと考え、敵の武左衛門を誘ったが、なかなか日が合わず、五十二日目にようやく武左衛門と松林寺を訪れ、山川を巡りながら、大右衛門の墓へと連れて行った。そこには、新しい卒塔婆が二本あり、一本には、「藤井武左衛門」、もう一本には「春田丹之介」と記してあった。

「これはどういうことか」

と武左衛門が尋ねると、丹之介は、

「不思議に思われるのももっとも」

と一部始終を語った。

「思いがけないことではありましょうが、どうか私と果たし合いを」

と言葉をかけて抜き合い、両人とも夢幻《ゆめまぼろし》となった。

その後、驚いた住職が奉行所に申し出たため、お調べの後三つの塚を築いた。丹之介の志はたぐいまれにて、見事と言うほかない。

▼注

［1］畳船――組み立て、解体ができる携帯用の軍用船。

［2］挟箱――武家の公用の外出時に必要な調度や装身具を納めて従者にかつがせた箱（図①、『男色大鑑』巻2の1挿絵）。

［3］浮沓――「沓《くつ》」とあるが足に履くものではない。身に付ける一種の浮き輪である。

［4］棒火矢――火薬を使って鉄筒から発射した火矢・火箭《ひや》（図②、『和漢三才図会』国立国会図書館デジタルコレクション）。なお、この章の武器及び章全体の解釈に関しては、平林香織「『男色大鑑』「墨絵につらき剣菱の紋」を解く」『誘惑する西鶴　浮世草子をどう読むか』（笠間書院、二〇一六年）

図①

図②

に詳しい。

［5］（道明寺名物）の花粉――花は美称で「花」の意味はない。道明寺粉のこと。夏の飲みものに風味をそえた。

［6］駒寄せ――人や馬の侵入を防ぐために門前に置かれた柵のこと。

［7］欠作りの茶室――懸《がけ》造り、崖造りのこと。京都清水寺の舞台のように崖や川に突き出た建物のこと。

［8］雄鹿の昔話――古くは『摂津国風土記逸文』に見える話。刀我野《とがの》（現在の神戸市）に雄鹿と妻鹿が住んでいたが、雄鹿は対岸の淡路に恋鹿がいてたびたび恋鹿に会いに海を渡っていた。妻鹿は、雄鹿が海を渡る途中で矢に当たり死ぬ夢を見るが、その通りになったという。

巻2

全訳 男色大鑑〈武士編〉

1

形見《かたみ》は二尺三寸《にしゃくさんずん》

信玄公と共に戦ったこの刀、これで仇を討ってくれ

《あらすじ》

殿の寵愛《ちょうあい》を一身に受けてきた美少年、中井勝弥《なからいかつや》。しかし、時の流れは残酷で、いつしか殿の御心は次の美少年へと移っていく。死を覚悟した勝弥の手元に、母の遺書が現れる。そこには、父の敵討《かたきう》ちを遂げられなかった母の無念な思いが記されてあった。

殿の許しを受け、敵討ちを果たすために九州筑後《ちくご》へと向かう勝弥は、偶然かつての朋輩《ほうばい》である片岡源介《かたおかげんすけ》と出会う。物乞いの身でありながら、家宝の二尺三寸の刀を勝弥に与える源介。絶体絶命のピンチに襲われた勝弥は、無事父の敵を討つことができるのか。西鶴自身が「前代未聞《ぜんだいみもん》、少人の鑑《しょうじんかがみ》」と絶賛した男色物語がここに語られる。

「まったくもう、遠州行灯《えんしゅうあんどん》▼注[1]のようなものでさえ、一から考案しようとすれば大変なものじゃないか。観世又次郎《かんぜまたじろう》が考案したという観世紙縒《かんぜごより》だって、いまだに重宝されている。どんな道具にも役割があって、誰かに必要とされているのに、よりによって、どうして自分だけが……」

などと考えながら、行灯の明かりを頼りに、紙縒にするしかなさそうな書き損じの紙の束を取り出して身辺整理をしていた勝弥《かつや》は、亡き母の遺《のこ》した手紙を見つけたのであった。手紙の表書きには、

「勝弥が十三歳になる時、この封を開けて見なさい」

と記されていた。勝弥は、涙を浮かべながら封を開けた。手紙には、

「あなたの父、玄番《げんば》を討った竹下新五右衛門《たけしたしんごえもん》は、吉村安斎《よしむらあんさい》と名を替え、筑後国《ちくごのくに》（現在の福岡県）柳川《やながわ》のほとりに身を隠しています。表向きは児薬師《ちごくすし》（小児科医）で、裏の顔は軍学（兵法）の指導者として暮らしていると詳しく聞き出したのです。女の身ながら、夫の敵を討とうと覚悟していたのですが、その甲斐なく死を迎えるのが無念です。どうか、あなたが成人したら、父の敵討ちを果たし、草葉《くさば》の陰の父母を喜ばせてください」

と書かれていた。手紙の最後の筆跡は、死の間際の筆であったのか、はっきりと読み取ることはできなかった。

「僕は今年で十八歳だ。母の遺言からむなしく六年の月日が過ぎた今頃になって、これを見ることになろうとは。知らなかったことゆえ、どうしようもないけれども……思えば、僕がこの御家にお仕えするようになったのは、十四歳の四月十七日のことだった……」

それは、勝弥がまだ、江戸上野の黒門前《くろもんまえ》に住む、母方の叔母のところに居候をしていた頃のことである。ちょうどその日、殿様の御一行が黒門前をお通りになり、御乗物の窓を開けて、

「あの者は」

と仰る声がしたのだった。そして、側近の侍をひそかに遣わし、勝弥の家柄や血筋などをざっとお尋ねになった上で、そのまま殿のお召し替えの馬（殿の乗物に何かあった場合の予備の馬）で上《かみ》屋敷に入り、その日から召し抱えられることとなったのである。片時も御前を離れることはなく、朝空に浮かんだ雲の間を自由に飛ぶ鳥さえも落としそうな勢いで出世し、例えば、勝弥が「烏《からす》」を「鷺《さぎ》」だと言い張ったとしても、誰も異を唱える者はいなかった。また、夕方には、殿のお心を捉える月に嫉妬し、気に入らない人とは口も聞かないというような具合であったけれども、すべて許されていた。これも皆殿のおかげである。その御恩はあだやおろそかに存ずるべきではない。

ある時、勝弥がしどけない姿で寝ていると、外れた枕を当ててくださり、はだけた胸を下着の白小袖で覆ってくださって、「万が一にでも嵐が吹き込んで、風邪をひいては大変」と案じてくださるそのお心の深さが、夢うつつのうちにも感ぜられ、あまりのご寵愛にそら恐ろしくなるのであった。夢から覚めると、

「二人の他には聞く者もないから」

と心を許し、若殿にさえお話になっていないような御家の大事をお聞かせくださり、決して色を変えぬ松葉のように、互いに心変わりすまいと誓うのである。そして、勝弥の脇顔に、誰も目に留めないほどの小さな黒子《ほくろ》があることを気にされ、殿自ら松葉の先で、抜いてくださるこ

ともあった。何もかも、ありがたいことばかりで昼夜を過ごしていたのである。せめてはこの御恩返しに、殿にもしものことがあれば、禁制を冒してでも潔く殉死しようと、無地の麻裃《あさがみしも》と小脇指を用意し、書き置きを添えて、生きながら魂は箱に込めておいていた勝弥であるが、世の中というのは、全くどうなるかわからないものだ。

若衆としての自分の美しさは「今が盛りだ」などと少しうぬぼれていたのも、今となっては悔しいことだ。先月の初め頃から、殿は千川森之丞《ちかわもりのじょう》へと心変わりされたのである。何事も偽りの世と、勝弥は時雨ふる十月三日に自害しようと覚悟したが、その日には障りがあり、七日には、と延期しているうちに母の手紙を見つけ、親の敵《かたき》がいることを知ったのは、まだ武運が尽きていないということであろう。

殿に対して一方的に不満を持ち、自害などしていたら、来世まで後悔したであろう。今にして思えば、むしろ運が良かったのだ。殿のご寵愛を受けているうちは、敵討ちに出たいとお願い申し上げたとしても、簡単にはお暇《いとま》をくださらなかったであろう。今がその時であると、敵討ちの願書をしたため、殿のご機嫌のよろしい時を見計らって差し上げたところ、殿は、勝弥の願いはもっともなことであるとお考えになり、お暇乞《いとまご》いの盃を賜った上に、

「めでたく安斎を討って帰ってきなさい」

と五〇〇石下賜するとの文書を下され、さらには、お納戸役《なんどやく》（出納係《すいとうがかり》）から旅費まで下されたのである。

こうして寛永《かんえい》九年十月十二日、竜の口より出立《しゅったつ》し、信頼できる家来五人を連れて、三田《みた》八幡に参詣して武運を祈った後、敵討ちの旅に出たのであった。日を重ねて同月十九日、京都に到着した。祇園祭《ぎおんまつり》で鯉山《こいやま》▼注[2]を出す、三条辺りの町に知り合いがいるので、そこで旅装を解くとすぐ、編笠を深くかぶり、身を潜めながら、大仏の辺りに住む鎖帷子《くさりかたびら》▼注[3]の名工を訪ねた。望みの鎖帷子を手に入れての帰り道、豊臣秀吉が耳をそぎ落とさせたという耳塚《みみづか》辺りを歩いた。するとそのかたわらに、今朝の霜でぬかるんでいるのも気にせず寝そべり、竹の皮をはった笠で風をよけながら、見たところは物乞いになどなりそうもない大男が、卑下した調子で、

「これ、一銭おくれなせえ」

と声をかけてきた。顔を合わせると、大男はふいに首を縮め、袖で顔を隠した。不思議に思い、顔をのぞくと、何と昔の同僚の片岡源介《かたおかげんすけ》であった。

「このありさまは一体どうしたのです。全くみすぼらしい姿になって……」

驚いた勝弥が尋ねると、源介は涙を浮かべ、身の上を語ってくれた。

「私はやり遂げたいことがあって、お暇をいただき、越後（現在の新潟県）の村上を越え、新しい勤め先が決まったところで、頼りにしていた片岡外記《げき》殿が急逝されたのです。不幸はこれだけに留まらず、昨年の六月末頃から目の病にかかり、京都の善峰寺《よしみねでら》に身を寄せて養生していたのですが、一向に快方に向かいません。下人どもは渡り者ですから、人のことはさっさと見限って、いなくなりました。人の運命というものはわからないものですな。中国には、両足を失う

ほどの苦難を味わいながら、ついに皇帝に宝玉の価値を認めさせた卞和《べんか》や、牛の角を叩きながらリズムを取って詩を吟じ、有為の人物として皇帝に見いだされたという甯戚《ねいせき》などがいるということを思うに付けても……たとえ我が身がどうなろうと構わない。構わないけれどもしかし、やっぱり、名を残すことができないのは惜しい……一度、故郷の南部（現在の岩手県）に戻ろうかと考えていたところです。我が身もまだ二十六、あなたの面影もはっきり見えるほどに目も回復しています。さて、あなたの方こそ、このたびの上京が気になりますが……」

源介とそんな話をしているうちに、餅屋や煙管《きせる》屋が行き来し始め、今日のうちに伏見に着きたいと急いで向かう旅人や馬方たちが立ち止まり、いつしか二人を見る人でいっぱいになってしまった。勝弥は、

「とにかく夜になってから話しましょう。それまではここにいてください」

と涙ながらにその場を後にした。夜になるのを待ちかねて、下人も連れず一人源介を訪ねたが、居場所を変えていてどこにいるかわからない。何と哀しいことだと、河原にいる物乞いに、

「もしや源介殿では」

と声をかけたが、

「いや、そんなやつは知らないよ。こいつは合鍵《あいかぎ》の三吉、目振間《めふるま》の（一瞬で済ます）虎蔵《とらぞう》、抜け穴の権《ごん》という者だ」

と言う。苫《とま》（菅《すげ》や茅《かや》などを菰《こも》のように編んだもの）をかけた粗末な小屋で、松火《まつび》を焚《た》き、声を潜めて、

「引目《ひきめ》（低い数）四《し》、高目《こうめ》（高い数）九《く》、勝ったぜ」と、サイコロをふっている音がするが、さては博打《ばくち》か。もちろん、勝弥にはわからない。さらに岸伝いに行くと、葉も枯れた柳の陰に、霜が降りたようにまっ白な髪で、もう極楽に行っても惜しくはないような老女が、

「明日の食い物がないから、誓願寺《せいがんじ》の前に捨てられた赤子の肌着でも剥《は》ぎ取りに、夜半を過ぎたら行こう」

と言う。とかく世の中の憂さつらさばかりが際立つ場所だ。

　やがて川音も静かになり、人々も皆寝静まるという頃、流れ木を拾い集めて焚き火をし、石で囲って飯炊き用の釜をかけ、酒の代わりにお茶で酒盛りをする男を見つけた。

「再び世を取り、会稽《かいけい》の恥を（中国の越王勾践《えつおうこうせん》が、もう一度天下を取って、会稽山《かいけいざん》で敗れた時の恥辱を晴らしたのも）」と謡曲《ようきょく》『船弁慶《ふなべんけい》』の一節を口ずさみながら、天目茶碗《てんもくぢゃわん》を洗い、口で拍子を取りながら、

「笙《しょう》の舌《した》▼注[4]は摂津国《せっつのくに》（現在の大阪府）鵜殿《うどの》の蘆《あし》にかぎるな。名物といえば、浅沢《あさざわ》の杜若《かきつばた》も、八橋《やつはし》の杜若も、花房《はなぶさ》の紫が素晴らしい。昔男《むかしおとこ》の業平《なりひら》は、「唐衣《からごろも》着つつ」と歌に詠んだらしいが、俺は唐衣ならぬ安い紙衣《かみこ》だな。あははははは」

と大笑いしている人を見ると、源介であった。勝弥を見ても、全く恥じる様子もなく、

「おや。珍しいお尋ねでございますな」

とおどけて言った。勝弥は泣き顔を見せないように、

「源介、私がこのたび、九州へ下ることとなったのは、父の敵《かたき》の住み処《か》を聞き出し、筑後（現

在の福岡県）まで行くためなのです。私の身の上もどうなるかわかりません。もし、返り討ちにあえば、あなたと再会することもないでしょう。お互い江戸に勤めていた頃、私に深く思いをかけておられたようで、ありがたくも何通も手紙を送ってくださいましたね。殿のご寵愛を受けている身でしたので、気にはかかりながらも、そのまま時が過ぎてしまったのですが、今また再会できて、こんな嬉しいことはありません。実は、あなたのことも気がかりの一つだったのです。今宵《こよい》一夜《ひとよ》は、心残りのないよう語り明かしましょう」

と、源介に寄り添い、その膝を枕にして横になったのだった。

源介にしてみれば、こんなに嬉しいことはない。衆道の契りのことはなしにしようと心に決め、江戸での長屋住まいのことなど思い出話に夢中になることで「心の塵《ちり》」（抑えがたい衝動）を払い、

「みちのくの十《と》ふの菅薦《すがごも》七《なな》ふには君と寝させて三《み》ふに我《わが》ねむ（編み目が十筋ある陸奥の菅薦の上で、七筋分には君を寝させて、僕は三筋だけにして添い寝しよう）」の歌さながらに、いとしい君の寝姿を見ながら添い寝をしたのである。一睡もせずにいると、やがて比叡山に横雲がかかって空が白んでいき、黒谷《くろだに》（青竜寺）の鐘の音が響き渡って、高瀬舟に棹《さお》さす人の顔も白々と見えてきた。名残惜しく別れる時になって、ちぎれてボロボロのかます（藁莚《わらむしろ》で編んだ袋）より仕込杖《しこみづえ》（杖に刀を仕込んだもの）を取り出し、

「これは伯耆国《ほうきのくに》大原の実盛《さねもり》▼注[5]が作った二尺三寸です」

と勝弥に差し出した。このような身になっても一腰は離さない武士の心意気が頼もしい。さらに源介は、

「この刀は、私の先祖が信玄公に仕えていた時、信州川中島《かわなかじま》の戦で手柄を立てた刀と言い伝えているものです。どうかこれで本意を遂げてください」

と渡すので、勝弥も遠慮なくいただき、

「きっと安斎を討って、またお目にかかりましょう。それまでの形見に」

と、自分の予備の刀を源介に残し置き、去り際に、左の袂《たもと》から一〇〇両（約八〇〇〇万円）の包みを取り出し、枕元近くにいた足の立たない者や盲目の者にささやいて、

「方々《かたがた》、どうかお願いです。これを旅費にして、源介殿を国元へ返してください」

と言い残し、その場を後にした。

それから、十月二十日の昼、伏見を船で出立し、夕方大坂に到着した。翌二十一日、船を借り切りにし、二十八日には柳川《やながわ》に上陸した。ひそかに近くの宿を借りて隠れ家とし、勝弥主従は、それぞれ商人になりすまして、近国まで敵方の住み処を捜し歩いた。その年も暮れて、春の野にスギナが生え、菫《すみれ》も咲く頃になって、ようやく所在を確かめ、三月二十八日に夜討ちを決行することにした。主従六人、心を一つにし、最後の酒宴を済まし、逃げ道を考えながら暮れ方に出発する。相手の住み処は、南に川が流れており、土橋《どばし》一つの道しかなく、岩を砕くかと思われるほど激しい流れは、白龍のようであった。家の後ろは高い山で、北側は沼であり、人が

通れる道は全くないという難所である。主従は、八町（約八七二メートル）ほど手前の辻堂に潜んだ。

まさにこの時、源介がここに来て、例の土橋の中ほどを二間（三・六メートル）ほど切り落とし、東の岸につなぎ捨ててあった小舟に櫓《ろ》や櫂《かい》を付けて、勝弥の奮闘を今か今かと待っていた。

そうこうするうちに夜に入り、村に帰る人が土橋を渡り、気づかず川に落ちて波に沈んだり、牛を引きながらそのまま川に落ち、声も立てずに死んでしまったりするのを四、五度も見かけたが、源介は身を縮め、潜んでいた。

そして、寅《とら》の上刻《じょうこく》（午前四時頃）と思う頃、勝弥主従は外壁の忍び返し（防犯用に竹や木を立てたもの）を切り倒して中に入り、東西から同時に笹葺《ぶ》きの軒《のき》に火を付け、

「中井《なからい》玄番《げんば》が敵討ち、同名《どうみょう》勝弥なるぞ。新五右衛門出合え！」

と、敵の寝所《しんじょ》まで押し入り、敵にも覚悟をさせた上で首を討ち取ったのは、全くもって完璧である。事前に首入れの器まで用意していたのは、抜かりのないことであった。

表門を開き、二町（約二〇〇メートル）ばかり逃げたところで、村人たちが松明《たいまつ》を手に、

「逃がすな！」

と口々に言って追いかけてきた。もはやこれまでと覚悟をした時、暗闇より、

「勝弥、こっちへ逃げろ！」

と言う声がするではないか。

「誰だ」

と聞き返すと、

「源介だ。忘れたか。まずはこっちへ」

と船に取り乗せ、川筋にこぎ出した。追っ手たちは、土橋が切り崩されていたため困り果て、数百人いても役には立たず、仕方なく戻って、ああでもないこうでもないと話し合った。

その夜、舟は三里半（十四キロメートル）ほど離れた脇の浜というところに明け方近く着いた。

「誠に昨夜は一大事のところ、あなたがここまで来て危うき命を助けてくれたのは、勝弥にとって、何とも幸せなことです」

と言うと、源介は笑って、

「つまらんことを言う人ですな。京都の三条河原で別れた後、朝から晩まであなたの影に寄り添い、今日まであなたの旅宿の軒下に潜み、昼は往来に気を配り、夜は用心棒として見守っていたのですよ。ある時なんぞ、あなたは久留米《くるめ》の城下まで訪ね歩き、「ぬれせぬ山」と呼ばれる山の麓で、雪がひどくなり、袖で払うこともできなくて息も絶え絶えになっていた時、人参（薬として用いる朝鮮人参）を口に入れ、岩清水を手に汲んで運び、肌に引き寄せて温め、意識を取り戻させたのは私ではないか。「どなた様でいらっしゃいますか。ご看病がありがたい」と言われた時には、思わず名乗ろうかとも思ったけれども、「通りがかりの者だ」と言い捨てにして、竹藪の陰に隠れてしばらく様子を見ていると、家来たちを励まし、「今のは氏神《うじがみ》様の化身であろう」なんて話していたではないか。しかもその日は十二月九日で夜道であったから、私が先に立って、村はずれに積んである稲むら（乾燥させるため、刈り取った稲を積み上げたもの）に火を付け、道案内をしたのだが、心当たりはないと言うのかい」

そうして、昨年十月より今日に至るまでのことを残らず語り、京都で別れ際に残し置いてきた金子《きんす》も、封を開けずそのまま返したのであった。すべてが源介の語った通りであったので、勝弥主従は心底《しんそこ》感服したあまり、涙を流して、

「何と見事な。これぞ武士の鑑《かがみ》」

と、自然と声をそろえたのであった。

「こうなった上は、どうか江戸まで見送ってください」

と、今は心も勇ましく帰国を果たしたのであった。その袖に満開の卯の花が降りかかる四月、富士の足柄《あしがら》の関を越え、十一日に江戸に着いた。以上のことをすべてご報告申し上げると、大殿と若殿がそろって喜んでくださったのみならず、源介を召し出されて、以前の知行に三〇〇石の御加増《ごかぞう》があり、当分は無役《むやく》の扱いとされた上で、勝弥を賜り、名は源七と改めさせて、真《まこと》の兄弟分となされたのであった。

これぞ前代未聞の若衆の鑑、男色の契りはこうあるべきぞ。

▼注
［1］遠州行灯――小堀遠州が考案したとされる丸行灯。円筒部分が回転し、引き出しが付いているのが特徴（図①、

『和漢三才図会』国立国会図書館デジタルコレクションより）。

［2］鯉山——京都の祇園祭に出す山車《だし》の一つ。鯉の滝登りの様子を飾り付けたもの（図②、『花洛細見図』国立国会図書館デジタルコレクションより）。

［3］鎖帷子——鎧や衣服の下の着込む防御用の下着（図③、『梅桜一対双』東京大学国文学研究室蔵より）。

［4］「舌」——笙（管楽器の一つ）などの楽器の発音源となる、アシ・竹などでできた薄片のこと。リード。

［5］実盛——真守とも。平安時代中期の刀工。室町時代まで同じ銘のものが作られたという（学研『日本刀事典』）。

図①

図②

図③

2 傘《かさ》持《も》つても濡《ぬ》るる身《み》

俺もいつかは兄分を持ち、その方《かた》を可愛がりたい

《あらすじ》

まばゆいばかりの美貌《びぼう》と、初梅のような真っすぐな気性《きしょう》によって大名の寵童《ちょうどう》となった長坂小輪《ながさかこりん》。しかしその真っすぐさゆえに、小輪は大名の溺愛《できあい》を、誠の衆道にあらずと拒絶する。その二人の関係に割って入った神尾惣八郎《かんおそうはちろう》は、小輪の心を独占し、二人は心の底から愛し合う仲となった。ところが小輪の不義が発覚、殿は小輪に「相手の名を言え！」と詰め寄るものの、小輪は「たとえ身を砕かれようとも言いませぬ」と屈服することなく厳命を拒んだ。嫉妬心に狂った殿は、ついに家臣一同がそろった席にて小輪を嬲りものにする。不義相手を愛撫《あいぶ》した小輪の両腕を斬り落とし、その細首を打ち落とした。そして自らも、最愛の小輪を失った悲しみから泪《なみだ》の中にくず折れた。惣八郎は、小輪の不義を密告《みっこく》した隠密《おんみつ》の両腕を斬って殺し、復讐《ふくしゅう》を果たすと、小輪の墓の前で◈の形（小輪の紋＝家系を示すマーク）に腹を切り、愛する若衆の後を追った。

なぜ小輪は殿を挑発したのか。そこに殿への愛はなかったのか。また、惣八郎の復讐はなぜ殿ではなく隠密に向けられたのか。傑作と評価の高い中、さまざまな謎が交錯する、『男色大鑑』随一の問題作。

尼崎《あまがさき》にある浦の初島は波も荒く、六甲降《ろっこうお》ろしの山風も激しく吹き付ける場所である。折しも夕立雲が立ち重なると、かの壇之浦《だんのうら》で入水《じゅすい》した平知盛《たいらのとももり》▼注[1]の幽霊も出てきそうな漆黒《しっこく》の景色となった。程なく雨も降り始め、道行く人たちは思いがけない難儀《なんぎ》に遭《あ》った。

その一人に明石《あかし》藩から尼崎藩への使者としてこの地に来ていた堀越左近《ほりこしさこん》なる侍がいた。左近は、生田《いくた》の小野で榎木の陰に雨宿りをしていたが、そこへ十二、三歳とおぼしき美少年が近づいて来た。その少年は、まだ夏なのに紅葉傘（精巧で比較的高級な傘）を持ち、しかも不思議なことに傘をささないままであった。左近を見つけると、

「唐傘《からかさ》の代わりになりましょう」

と言って左近の下人に傘を手渡した。左近は、

「ご好意には感謝するが、差し当たって合点《がてん》のいかないことがあります。どうして傘を持っていながら、雨に濡れておられるのですか」

と尋ねた。すると少年は大粒の涙を流し始めた。

「きっと深いわけがおありでしょう。よろしければ話してはいただけないか」

と左近が聞くと、少年は、

「私めは長坂主膳《ながさかしゅぜん》の倅《せがれ》、小輪《こりん》と申します。父が浪人して甲州《こうしゅう》（現在の山梨県）を引き払い、豊前《ぶぜん》へ立ち退いたのですが、その旅の途次、船中で父が病死いたしまして、仕方なくこの浦里にて

野辺送りをいたしました。この土地の方々が私たちを不憫《ふびん》に思って情けをかけてくださり、浜に苫屋《とまや》を建て、そこに母と二人で住むことになりました。暮らしを立てるために、母は自ら男のまねをして唐傘を作っています。その母が作った傘を、我が身が濡れるからといってさしてしまっては、天の咎《とが》めも恐ろしく思われてならないのです」

と言った。

「なるほど、これこそ扇売《おうぎう》りの老婆が扇を日よけにせず自らの手をかざし、蓑売《みのう》りは蓑でなく笠を身に着けるのと同じたぐいであろう」

と左近は小輪の心がけに深く心を打たれ、母子の住む家まで供の者を付けて送らせた。そして明石に帰ってからすぐに登城し、尼崎からの返事を差し上げると、殿のご機嫌の良い時を狙って、小輪のあらましを申し上げた。殿は「その者をすぐ連れてまいれ」と仰せられた。

左近は喜び、迎えに出向いた。小輪は母と共に礼儀正しく輦車《れんしゃ》（貴所に参上する時の正式な乗り物）に乗って城に参上した。殿の御前に現れた小輪の顔《かんばせ》は自然と生まれついた美しさで、まるで遠山に掛かったばかりの月のようであり、髪は声なき烏《からす》のように黒く、まなじりは芙蓉《ふよう》の花、声は鶯《うぐいす》、そして梅のような素直な気性と、非の打ちどころがなかった。そうした小輪の美徳は日増しに表れ、殿の覚えもめでたくなると、夜の伽《とぎ》にも呼ばれるようになった。

ある晩のこと、御次《つぎ》の間に寝ずの番をしている者が、聞き耳を立てて聞くと、殿の戯れもだんだん激しくなって、小輪に向かい、

「お前のためなら命も惜しくはないぞ」

と仰った。しかし小輪はそれをかたじけないことだと申しもせず、

「殿のご威勢《いせい》に従うこと、衆道の誠ではありません。私めもいずれかは心を磨《みが》き、何方《どなた》でも想いを懸ける人ができたのなら、命を懸けてその男を大事にし、この世の思い出に、兄分《あにぶん》として可愛がってみたいのです」

と申し上げた。殿は少し咳《せき》払いをして座輿にとりなそうとしたけれど、小輪はさらに
「今申し上げた言葉は、日本国中の神に誓って嘘偽《うそいつわ》りはありません」

と言い切った。殿は呆《あき》れてしまい、小輪の強い心根をかえって愛しいものに思われたのであった。


しばらくしたある夕暮れ時のことであった。殿は、涼しい風がよく通る東屋《あずまや》に、若衆を多く集められ、諸国の名酒を振る舞われた。その酒宴の最中に、急に星空が雲に隠れて、柿本人《かきのもとひと》麻呂《まろ》の神社の松林がざわめいた。すると生臭い風が吹き、雲が目の前に湧きあがるその中に、一つ目入道《にゅうどう》が現れた。その入道は軒端のすぐ近くに飛んできては、左の手を二丈《にじょう》（約六メートル）近くも伸ばして、一座の人々の鼻をつまもうとした。人々は皆、興醒《きょうざ》めしてしまったが、小姓たちは、まず殿の前後を守護し、奥にある普段の居間に殿をお連れすると、その後、山も崩れんばかりの地響きが鳴り響いた。

その日の夜半過ぎに、築山《つきやま》の西にある桜茶屋の杉戸がしたたかに破られた。戸を破ったのは、

年を取った狸《たぬき》の首で、切り離されたまま、まだ息があって牙《きば》を鳴らしている。そのすさまじいありさまを殿に言上すると、

「さては、今宵の地響きは、その狸を仕留めた時のものであろう。誰の手柄なのか」

と、家中をお調べになったけれども、申し出る人もなく、功名《こうみょう》は世間に出ることなく埋もれてしまった。

それから七日が過ぎた夜、牛の刻（午前二時頃）に、大書院《おおじょいん》の屋根にある箱棟《はこむね》辺り▼注[2]から少女の声がして、

「罪のない親を殺した小輪の身の上は、間もなく危うくなるだろう」

と、三度も大声を響かせて消えた。「さては杉戸の事件は小輪の働きであったのか」と城の者は皆感じ入ったのだった。

その後、御普請《ごふしん》方（建物のメンテナンス担当）の奉行が、

「狸の荒らした板戸を修理いたします」

と殿に申し上げたところ、殿は次のような話をされた。

「昔、中国の魏《ぎ》に文侯《ぶんこう》▼注[3]がいたが、臣下に向かって『どんなことでも私の言うことに背いてはならない』と言ったところ、師経《しきょう》という者が、琴にて文侯を突き飛ばそうとし（実際には文侯に当たらず、壁に当たったが）、そのおごった心をいさめたことがあった。文侯は師経に対して、誠の心を持った臣下であるとして、その時に琴で壊した南壁をそのままにして、自分への戒めにし

たと言う。今、また小輪が武勇を庶人に見せるために、そのままにしておくように」

小輪には大層なご褒美があって、殿の小輪への愛情はますます深くなった。

さてその頃、母衣《ほろ》大将▼注[4]の神尾刑部《かんおぎょうぶ》の次男に、惣八郎《そうはちろう》と申す者がいて、日頃から小輪の誠なる心を見定めて、手紙にて小輪を口説《くど》くと、小輪も応じ、互いに心を通わせた。そして忍び逢う機会をうかがうこととなった。その年も暮れて十二月十三日、恒例の煤払《すすはら》いがあり、それが終わると吉例の衣《きぬ》配りがあった。その夜、母のもとへ送った古着を入れた葛籠《つづら》▼注[5]の中に、下男の知恵で惣八郎を隠し入れ、殿のお寝間の御次の部屋にまで忍ばせておいた。小輪は宵からお腹が痛むと偽って、御次の部屋に引きこもっていた。殿も最初は、小輪が部屋を出入りする音、戸車《とぐるま》の響きなど気にしておられたが、そのうちに鼾《いびき》の音ばかりとなった。

「恋は今ぞ！」

と小輪は惣八郎にまみえ、何はともあれと、かるた結びの帯も解かずに身を任せつつ、この上もない情けをかけ合った。さらには行く末を誓う言葉として
「生まれかわっても、また一緒ですぞ！」

と言った時に、殿は目を覚まされて、枕近くにある素鑓《すやり》▼注[6]の鞘《さや》を外され、

「今のはまさしく人の声だ。逃さぬぞ！」

と外に駆け出そうとされた。その時、小輪は殿の袂《たもと》にすがりついて、

「これはもったいない。さらに人影は見えませぬ。私の身の苦しさに、どこからか心の鬼が来

て嚙《か》み殺せと申したまでのことです。どうか何事もお赦《ゆる》しくださ い」

と取り乱すことなく申し上げているうちに、惣八郎は柏《かしわ》の梢《こずえ》や忍び返しを飛び越えて逃げ出そうとした。その面影が見咎められて、小輪もいろいろと調べられたが、全く身に覚えがないと言い張った。

「さては先日の狸のなす業《わざ》か」

と殿の御心も休まりかけた折、金井新平《かないしんぺい》という隠密《おんみつ》がさし出てきて、

「ただ今の足音とともに、特にざんばら髪に鉢巻きまで見届けました。忍び男に間違いありません」

と申し上げた。

それでお調べの雰囲気が変わって、殿は小輪に、

「ぜひにも白状せよ」

と詰め寄った。しかし、

「この小輪に命を呉《く》れし者にございます。たとえこの身が砕かれようとも、白状はいたしませぬ。このことはかねがね、殿のお耳にも入れておいたことです」

と、小輪は少しも歎《なげ》く様子がない。

それより三日過ぎて、十二月十五日の朝、兵法稽古《ひょうほうげいこ》の座敷に小輪は召し出された。殿は家中へのみせしめとして長刀《なぎなた》をお取りになり、

「小輪、最期だ。覚悟は良いか」

と、お言葉をかけられた。小輪はにっこりと笑って、

「久しくご寵愛《ちょうあい》をいただいた身ゆえ、殿のお手にかかって果てること、この上もなき幸せです。思い遺《のこ》すことはありません」

と言って立ち上がった。

殿はすかさず小輪の左の手を長刀で打ち落とすと、

「今の思いはどうだ。これでも白状せぬか！」

と仰せられた。小輪は右手を差し出して、

「この手で兄分をさすりましたゆえに、さぞかしお憎しみは深いことでしょう」

と言うと、殿は飛びかかってその手も斬り落としておしまいになった。

小輪は最後の力を振り絞り、くるりと身をひるがえすと、

「この後ろ姿、この世に二《つ》つとはない若衆ぶりでしょう。皆様見納めです……」

と言う声も次第に弱るところを、殿は小輪の細首を落としなさった。殿の悲しみの涙は、自らの袖をそのまま明石の海にするかのようであり、その場に居合わせた人々の泣き声もしばらくやむことはなかった。小輪の死骸《しがい》はそのまま妙福寺《みょうふくじ》に葬《ほうむ》られた。

小輪の命は、哀れにも露と消えたが、それは朝の霜に消えるはかなき朝顔の花と同じであった。その朝顔の池というのが、この寺にもある。昔、都のいたずら人であった光源氏《ひかるげんじ》が須磨《すま》

に流され、それにも懲《こ》りずに、明石入道の娘に恋をして、ここに通いなさった折にこのような歌を詠まれた。

「秋風に波や越すらん夜もすがら明石の岡の月の朝顔（蕭々《しょうしょう》とした秋風が一晩中吹き続けています。私は、その風に煽《あお》られた波が、月に照らされた朝顔の池が輝く、あの明石の岡を越えるまで、あなたを待ち続けているのです）」

この歌をもし衆道《しゅどう》の心持ちでお読みなさったのなら、人にも知られたであろうに、残念なことに男女の恋の心持ちで詠んだので忘れられてしまったのだ。

「ともかくも、小輪が殺されたままで、この念者《ねんじゃ》がいまだに出てこないのは、よもや侍ではあるまい。野良犬の生まれ変わりに違いない」

と人は口々に惣八郎を罵《ののし》った。

年が明けて、毎年、正月十五日の夜に行われる火祭りの場で、惣八郎は新平の両手を打ち落とし、止《とど》めを刺した上で首尾よく立ち退くと、小輪の母の行方《ゆくえ》を深く隠し、自身は朝顔寺に駆け込んだ。そして、小輪の墓の前に、自らの心情を事細かに書き記した高札《たかふだ》を掲《かか》げ、今年二十一歳を最期として、人生は夢また夢と、眠るごとく腹を掻《か》き切って死んだのであった。明けて十六日の朝、この惣八郎のありさまを見るに、掻き切った腹には、ありありと一重菱《ひとえびし》のうちに三つ引きの跡が残っていた。これこそ小輪が定紋《じょうもん》である。

「どうせ恋をするならば、こうでなくては」

と、惣八郎に対する世評は一変した。人々は、初七日《しょなのか》のうち、国中の山を探して樒《しきみ》を手向《たむ》けた。

すると朝顔寺の池は樒で埋まってしまったと言う。

▼注

［1］平知盛の幽霊――謡曲『船弁慶』で、義経・弁慶主従の前に知盛の亡霊が出現する際、暴風が吹き荒れたことを指す。

［2］箱棟――屋根の上部につくる大型の棟のこと（図①、『本朝二十不孝』巻1の4「慰改て咄しの点取」の挿絵（部分）参照）。

［3］魏に文侯――ここは正しくは、魏の文侯でなく、晋の平公の話である（『韓非子』「難一」）。平公が君主らしからぬ思い上がった発言をしたために、盲楽師師曠《しこう》（本文「師経」は誤り）が琴で平公を突こうとした故事による。平公が琴をよけたために壁が壊れたが、平公は壁を直さずに自身の戒めにした。『韓非子』はこの平公と師曠の行為を君臣の礼を失ったものとして難じている。本章の殿と小輪の悲劇を暗示するか。

［4］母衣大将――母衣は戦場で的からの矢を防ぐ具である。母衣を着して戦うのは武士のエリートであったと言われる。母衣大将はその長である。

［5］葛籠――22頁注［3］参照。

［6］素鑓――刀の穂先が真っ直ぐなもの。

図①

3 夢路《ゆめじ》の月代《さかやき》

ぬしの唾《つばき》は恋の味、すくいあげて飲みほし申す

《あらすじ》

男色のありがたい道に誘う本作にあって、「古今類《こきんたぐい》なき」と評される剣術使いの丸尾《まるお》勘右衛門《かんえもん》と、「男色の情《なさ》けをよく知る美少年」と評される若武者の多村三之丞《たのむらさんのじょう》は、特筆すべき登場人物といえる。いわば至高の男子《おのこ》同士の恋が成就する本章では、そのきっかけもまた並大抵ではなかった。

三之丞が奈良の岩井川で唾を吐くと、川下にいた勘右衛門がゴクゴクとそれを飲みほすではないか。年上の武士に失礼を働いたと三之丞は早速詫びを入れるが、勘右衛門はあろうことか「せっかくの唾が流れて消えるのは惜しいから飲みほしたのだよ」と答える始末。西鶴は何とファンタスティックな出会いを用意したものか!! 勘右衛門は情熱的な男色家である。三之丞の口から出た恋の味がする唾を口に大事に含ませつつ、あやしまれぬよう変装までして、三之丞が住む郡山《こおりやま》まであとを追うのであった。これほどまでに熱い愛情を示された三之丞が勘右衛門にほだされないわけがない。

ところが、西鶴は実に残酷な仕打ちを彼らに与えたのだった。

暮れ方から急ぎ足で到着して、興福寺南大門前《こうふくじなんだいもんまえ》で催された薪能《たきぎのう》▼注[1]を特設の腰掛けから眺める一人の男の視線があった。しかし、彼の視線は、金春座《こんぱるざ》▼注[2]の能太夫《のうだゆう》の仕舞《しまい》や幸清五郎《こうせいごろう》の鼓《つづみ》・金春又右衛門《こんぱるまたえもん》の片手打ちの太鼓の撥《ばち》といった一流の芸ではなく、興福寺や西大寺《さいだいじ》の桟敷《さじき》に居並ぶ美少年たちにもっぱら注がれていた。日が暮れるのを惜しみ、「美少年の麗しい容顔《かんばせ》も夜の闇に沈んで見えないのは、惜しいことよ」と誰に聞かせるわけでもなく独りごちするその男は、まだ三十歳前になりそうでもない。後ろ下がりの髪を結って髷《まげ》の先を短くし、上着、下着ともに黒い龍紋《りゅうもん》▼注[3]で、菊の葉の紋が五つ所にあり、紙糸で編んだ平《ひら》打ちの帯を締め、白柄《しろがら》の長い吉屋風《よしやふう》▼注[4]の伊達《だて》な大小の刀を差していた。いかにも衆道に通じた身ごしらえであった。

彼の名はその辺りでは知られた剣術使いの丸尾勘右衛門《まるおかんえもん》といい、古今まれな若衆好きであった。巧みな文面で若衆をだますよりほかないと、恋文《こいぶみ》を山のように書き送っていた。勘右衛門はまた、薪能の始まる夕暮れを待ち焦がれ、あくる日は春日神社の能に赴いた。美少年花月《かげつ》に扮《ふん》した大蔵求馬《おおくらもとめ》の美しさは、誰しも目がくらむもので、思いを寄せない者はなかった。

その明くる日、空が曇って、「傘をさすなら貸しましょう」と誓われた春日大明神のいらっしゃる春日山《かすがやま》の雨も物寂しい風情であった。昼過ぎから勘右衛門は、蠅の疑似餌《ぎじえ》を付けた釣り針を下男に持たせて、岩井川《いわいがわ》の岸でせわしない手元で柳鮠《やなぎばえ》という鯉の一種を引っ掛けていた。そこへ、郡山《こおりやま》の家中の多村三之丞《たむらさんのじょう》という美少年が川上にやって来て唾《つばき》を吐くと、勘右衛門は川下の水を手ですくいあげ、その雫《しずく》を一滴も残さずごくごく飲みほしたのであった。それを見た三之

丞は近寄って、

「貴殿がそこでお清めのために水を口に含まれているとは思いもよらず、失礼なもの《唾》を吐き出してしまいました。どうぞお許しください」

と申し上げると、勘右衛門は、

「ただ今の御唾が流れる水にはかなく消える命のように惜しまれ、すくいあげて飲みほしたのですよ」と応じた。

三之丞はにっこり笑って、

「貴殿は人の嬉しがることを仰る。そのお気持ちは無駄には聞き流しませんぞ」

と言い捨てて、岸根づたいに帰ってゆく。その姿は何とも言い表しようのない生まれながらの美男子であった。勘右衛門は、

「はるか昔、巫山《ふざん》の神女《しんにょ》が秦《しん》の始皇帝に唾を吐きかけると、その跡があざとなって残ったとか。今この唾が私の口の中で消えずに残って、いつまでも甘露《かんろ》を含むような心地よい思いができれば良いものを」

とつぶやきつつ、三之丞の後を慕って付いて行った。西の秋篠村《あきしのむら》に日が沈んで、もう人の顔も見えなくなってしまった。

二月十二日の夜道のこと。宵《よい》には月も見られようという心あても外れて、春にもかかわらず、時雨《しぐれ》めいた雲が生駒《いこま》・葛城《かつらぎ》の山々に立ち重なっていた。「今にも袖が濡れてしまいそうだ」と

三之丞は郡山への道を急ぐ。村の崩れかかった橋を辛うじて渡り、荻《おぎ》の焼け原に残る去年の切り株を避けながら進んだ。途中、角を落として奇妙な姿になった鹿の通る道や、狐火《きつねび》がともされた場所やら狼の住処《すみか》やらもあったが、それを三之丞は怖いと思わなかった。さらに隠亡《おんぼう》▼注[5]の一軒家を眺めつつ通り過ぎて、奈良の大安寺《だいあんじ》という村に近づくと、脇道から身のこなしの良さそうな下男が提灯《ちょうちん》を持ち、頭巾をかぶって先に立った。その光を幸いと足元を照らされて行くと、三之丞がお供に連れていた鍼《はり》医者も思いもよらず上機嫌で、

「よそから聞こえる小唄《こうた》がこちらの花見の肴《さかな》になるようなものですね」

とささやくと、程なく郡山に到着した。三之丞が、立ち並ぶ武家屋敷の末にある、我が家の門前から内に入って行く。それを見届けると、下男も引き返した。

三之丞は下男のことをそれまでは特に気にも留めていなかったが、「どうもおかしいな」と思い、

「興福寺で薪能を見物し、ただ今帰りました」

と、挨拶を済ませて下男を追いかけた。ようやく提灯の明かりに近づいて下男を見ると、葉菊《はぎく》の紋所があった。「そうだ！　昼間にお目にかかったあのお侍ではあるまいか」と思い当たり、こっそりと送って行ったが、奈良も近くなると、自然と蝋燭の火が立ち消えとなり、心も不安で一杯になってしまったのであった。

「こんな風に姿を変えてお見送りしたとは、よもやお若衆《三之丞殿》はご存じあるまい」

と勘右衛門が言うのを聞いて、

「そのお心を存じあげたればこそ、はるばる送り返したのです」

と三之丞がその手を握りしめると、勘右衛門は夢を見ているような心持ちになって、しばらくは口もきけなかった。立ちすくみながらも、

「それは本当でございますか。ありがたいお志でございます」

「どうぞお心変わりなさらぬように」

「変わるものか」

「お忘れにならないように」

「忘れまい」

とやり合っているうちに、奈良の西の京に八つ（午前二時）の鐘が鳴った。鐘を数えると、まだ夜更けであるので、

「しみじみ語り合って、明け方に帰りましょう」

と早くも三之丞は名残を惜しむのであった。すると、勘右衛門は、

「今夜ばかりではございません。ご両親の手前、長時間お留守になさるのもいかがかと存じます。私のことを思ってくださるならば、もう一度お情けをかけてください」

と言って、その夜は話をしただけで、それからまた三之丞を郡山へ送った。

　その道すがら、

「人の命というものは、いつどうなるものやらわかりません。八重桜《やえざくら》の咲く頃までとても待っ

ていられません。毎年初桜の咲くのを見に行きます。その三月の一日か二日には必ずまた」と誓った。固い約束を交わした翌朝のことであった。勘右衛門は、昨夜着なれない木綿の袷《あわせ》を着たために鼻声になった後、風邪をこじらせてしまった。そして間もない二月二十七日の夜、春日野《かすがの》の土になってしまった。

そうとも知らずに訪ね来た三之丞は、勘右衛門の急死を知って、ひどく嘆き悲しんだ。せめて親族の人に会おうと周りの人に聞き合わせたが、遠国《えんごく》出身の人なので誰も弔《とむら》う者はないとのことであった。

「勘右衛門殿が住んでおられたところは」

と尋ねると、昔、連歌師《れんがし》の紹巴《じょうは》▼注[6]が住んでいた庵《いおり》の跡で、奈良の南市《みなみいち》というところだと言う。そこで訪ねてみると、古めかしい卯木《うつぎ》の生垣《いけがき》に囲まれた場所であった。格子窓からのぞくと、まだ亡くなって七日もたたぬというのに、下男どもが集まって二文、四文と賭けたカルタに興じている。かと思えば、扇で手を打ち鳴らしながら、

「昔、用明天皇《ようめいてんのう》は玉代《たまよ》の姫を恋わびて▼注[7]」

と声をはり上げて、浄瑠璃を語る者もあった。また、伊予《いよ》の宇和《うわ》でとれた魚を焼く臭いもする。三之丞は、「いかに下々の者であるとはいえ、主人の死を偲《しの》ばないのか」と、無断で枝折戸《しおりど》の扉を開けて入った。すると、床の片脇には抹香《まっこう》を盛った土器《かわらけ》から煙が立ちのぼり、青々とした樒《しきみ》を供えた位牌《いはい》には「春雪道泉《しゅんせつどうせん》」なる戒名《かいみょう》が彫られていた。「これが勘右衛門殿のご位牌か」

と袖を顔に押し当て、悲しみのあまりしばらく横になって起き上がれないでいるところへ、元服して間もない様子の美男子が入ってきた。白無垢《しろむく》の着物に浅黄色《あさぎいろ》の裃《かみしも》を着け、涙ながらに仏棚《ほとけだな》を拝むと、はるかに引き下がって座り愁《うれ》いに沈んでいた。そのありさまを見た三之丞が、

「失礼ながら私は……」

と言い終わらぬうちに、

「貴殿が三之丞殿でございますか。勘右衛門殿は貴殿のことだけを忘れず、ただ『郡山へ送って送られたのだ』とばかり。悲しいことには、ついに野辺《のべ》送りの身となってしまいました。これは夢ではないでしょうか。夢ですよね。夢だとは思いませんか」

と嘆きかけて、三之丞を嘆かせた。互いに泣き声をあげて、一時間ほど流し続けた涙は軒から漏れる雨水のようでった。

ようやく春の日も暮れて、雨戸を閉める車の音に三之丞は無常を感じ、

「かねがね儚《はかな》い浮世《うきよ》だとは思っていましたが、このあっけなさはどうでありましょう。これ以上生き永らえてもつらいばかりです。四十九日《しじゅうくにち》かけて旅をするという死出《しで》の山の麓《ふもと》で、あの方《勘右衛門》に追い付けるでしょう」

と脇差を抜いて、ともに涙した若者に、

「後は頼む」

と言った。

すると、その若者は飛びかかって自害を留め、

「私こそもっと早く死ななければならない身なのです。というのは、私が前髪立ちの若い頃、五年あまりも親しくしており、なお元服《げんぷく》してからも、三笠山のように頼もしい後ろ盾《だて》になってもらおうと思っておりましたのに……。こんな情けないことになってしまいました。この左内《さない》の心のうちと引き比べてご覧なさい。殊《こと》に勘右衛門殿が最期《さいご》に『この世に誰一人として香花《こうばな》を手向《たむ》けてくれる者とていないだろう。私のことを思ってくれるなら、君は生き延びなさい』と遺《のこ》したお言葉に背《そむ》かず、ゆくゆくは出家しようと思っているのです。何と言っても、貴殿は勘右衛門と少しお言葉を交わしただけなのですから、逢わぬ昔と何事もあきらめなさい」

と言った。

「あなた様こそ、長年思い残すこともないほど枕を一つに語り尽くされて今があるのです。それにひきかえ、私は一晩も愛を語らぬうちに勘右衛門殿とお別れしたのです。だから、これまでの命！」

と思い切ろうとするのを、左内は道理を尽くして留ようとすると、三之丞もようやく納得して自害を思い留まり、言った。

「こうなったからには、左内殿よ。貴殿が勘右衛門殿になり代わり、私と衆道の契りを結んではもらえませんか」

左内が言うには、

「そこまでしなくてもよろしいでしょう。むろん今後貴殿を粗末にはいたしません」

「いや。それだけではいけません。ぜひ私と添い遂げてくださいませ」

とせがまれた左内は、嫌とは言えなくなって、三之丞と兄弟分の約束を交わした。

そうして、三之丞は夜もすがら、左内と勘右衛門のなれそめを聞いた。

「堺の昌雲寺《しょううんじ》▼注[8]の庭の趣をこちらに移して、蘇鉄《そてつ》を植えかえられた日のことでした。ここにある岩に腰掛けながら、筧《かけい》の水を手にすくって飲み、後《うし》ろに人がいるとも知らず、余った水を撒《ま》いてしまったのです。『ちょうど濡れたいと思っていたところで、ありがたい』と、低い声で言った勘右衛門殿が愛おしくなり、それからいつとはなしに親しくなりました。そうなってからは世間のそしりが何でありましょう。父が春日神社へ夜勤に出掛ける日を選んで、遠い高畑《たかばたけ》（現在の奈良市高畑町）から忍んで会いに来てくださったのです。この嬉しかった思い出は今も忘れません。ある風の吹く雪の晩のことでした。『必ず今夜おうかがいします』と、昼のうちから手紙を差し上げておきましたところ、家の近くまで迎えにおいでになりました。私を肩車に乗せて、懐《ふところ》から鎧兜《よろいかぶと》を着けた金平《きんぴら》▼注[9]人形を出してくださったのです。道すがら斬《き》り合いのまねをして、その夜は勘右衛門殿の寝姿に馬乗りになると『立派な御大将だ』と仰いましたが……」

と、左内が語りながら寝入ると、三之丞も聞きながら二人でいびきをたてたのであった。

ちょうどその時、勘右衛門が生前の姿で現れて、

「このたび左内殿と三之丞殿の二人が、私が死んだ悲しみのうちに兄弟分の約束を交わしたのは嬉しいことです。郡山十九万石の城下に三之丞に匹敵する美男はございません。しかしなが

ら、額の両側の鬢《びん》付きが下がり過ぎた郡山風は見苦しい。左内殿よ。貴殿はどう思われるか。少し下がったところを立ててやりましょう」

と言って鏡に向かわせ、

「このくらいが良かろう」

と言い捨てたかと思うと、そのまま夢が覚めた。辺りには手だらいもなく、剃刀《かみそり》もなかったが、三之丞の月代《さかやき》は本当に剃られていた。夢の中でのことなのに、これは不思議なことだ。

▼注

[1] 薪能――薪の火を照明の助けとする夜間に行われる野外能。特に陰暦二月六日〜十二日までの間に、南大門前の芝生や春日若宮社頭・興福寺寺務別当坊など演じられた能。

[2] 金春座――能楽の一流派。世阿弥の女婿の禅竹が流風に新生面を開き、桃山時代には全盛期を迎えた。

[3] 龍紋――龍をかたどった模様。着物の柄に多く使われた。菊の葉の紋――菊の葉紋は様々にあるが、本話挿絵に合わせて「枝菊」を掲げる（図①、丹羽基二『日本家紋大事典』新人物往来社、二〇〇八年より）。五つ所――背に一つ、両袖の後ろと両胸に一つずつ、合計五つの紋を配置すること。正式な礼装。

[4] 吉屋風――旗本奴「よしや組」が始めたという伊達な風俗。一六六〇年前後に流行した。

[5] 隠亡――死者の火葬・埋葬に携わり、墓守する。

[6] 紹巴――里村紹巴。室町〜安土桃山自代に連歌界の第一人者として活躍した。

[7] 用明天皇は玉代の姫を……――用明天皇と豊後《ぶんご》のまつの長者の娘玉代の姫との恋物語。

[8] 昌雲寺――祥雲寺と表記。臨済宗大徳寺派。一六二八年、堺の豪商谷正安が沢庵《たくあん》を開山として創建した。

[9] 金平人形――源頼光の四天王の一人である坂田金時の子。怪力剛勇で知られる。その金平に似せた人形。

図①

4　東《あずま》の伽羅《きゃら》様《さま》

離れていてもおそばにいます、動かぬ証拠はそのかけら

《あらすじ》

もしも正体不明のかけらが、ある日突然何かのきっかけで正体が判明するのみならず、別のかけらとぴったり一致するような僥倖《ぎょうこう》に恵まれたなら、誰もが「気持ちいい！」と思うだろう。ましてや、そのきっかけが念友《パートナー》の強い心の結びつきだったとしたらロマンティックじゃない？本話は、いったん離れ離れになった念友が、香木のかけらがぴったりくっついたのがきっかけで再会を果たす、「気持ちいい」ロマンティックな物語だ——。

仙台で薬屋を営む小西の十助《じゅうすけ》の息子十太郎が好んでいた香木の薫りにひかれ、美少年に目がない伴《ばん》の市九郎《いちくろう》が訪れる。その姿に十太郎は一目ぼれしたのだが、「子の心は親知らず」で、十助は「売り物ではない」とすげなく追い返してしまう。

普通ならこの恋はおしまい。ところが、幸いなことに十太郎は躑躅《つつじ》が岡天神の申し子だったから、神通力《じんつうりき》でこの苦境を乗り越えてしまう。「気持ちいい」結末がどう迎えられるか。本章を括目《かつもく》せよ！

萩《はぎ》の花が咲きほこっていた仙台宮城野《みやぎの》も昔に変わり、今は一本《ひともと》も見えなくなって、残ったの

は古歌《こか》ばかり。▼注[1]野遊びのご馳走《ちそう》を詰めた長持《ながもち》は、▼注[2]かつて陸奥守《みちのくのかみ》の任が果てた橘為仲《たちばなのためなか》が都へ帰る時、萩を入れて持ち帰ったという十二棹《さお》の中の一つではないかと思われる。▼注[3]

折から、青みがかった草むらに春らしい趣で生えているタンポポやツクシを摘む美しい人があった。加賀笠▼注[4]を深くかぶり、袖下の長い着物に後ろ帯を締めた様子はどれをとっても兄分がありそうな若衆の面影で、立ち止まって見ていると、幕の内から老女が、

「これ！　おふじ様におよし様」

と呼ぶ声が聞こえるではないか。「何だ。小娘じゃないかよ」と唾《つばき》を吐き捨ててがっかりしながら行くと、やがて仙台城下の芭蕉《ばしょう》が辻《つじ》というところの町はずれにある薬屋小西《こにし》の十助《じゅうすけ》の店先にたどり着いた。その奥への通い口にかかった暖簾《のれん》から一炷《ひとたき》の香の薫りが漏れてきた。恐らく当地の国守《こくしゅ》がご所蔵の白菊《しらぎく》の香にも劣らないであろうと思われた。この香を袖に留める方《かた》が慕わしくなって店先に立ち寄り、

「香木など買い求めたい」

と言ったのを会話の糸口に、

「奥深くから薫る香木《こうぼく》も買い求めたい」

と言うと、

「あれは私の倅《せがれ》が嗜《たしな》んでいる伽羅でございまして、お売りするなど思いもよりません」

と、薬屋の主人のつれない返事に、名香木柴舟《しばふね》の謂《い》われさながら、炷《た》かぬ先から余計に恋い慕

われてしばらく店先に休んだ。

　さて、この男の名は伴《ばん》の市九郎《いちくろう》という。津軽の町人で男色の道に志の浅くない人物であった。▼注[5]

今回彼が江戸を目指したのも、堺町《さかいまち》（江戸歌舞伎のメッカ）で近頃評判の若い美少年の役者出来嶋《できじま》小曝《こざらし》に会わぬうちから恋い焦がれ、その抱《かか》え主《ぬし》である奴作兵衛《やっこさくべえ》へ知人から紹介状をもらい、若衆と楽しい一時《ひととき》を過ごすためにだけ江戸に上《のぼ》ろうとしているのであった。田舎には稀《まれ》な振る舞いをする男である。

　そんな市九郎の様子を十助の子、十太郎が見初《そ》めて、

「自分は月代《さかやき》を剃る前の若衆盛りだといっても、あと五年も続くわけじゃない。前髪の残る額に毛貫《けぬき》をあてて、この若衆の花盛りが散るのも間もなくだ。これまで数百人から恋文をもらったが、ついぞ開けたことがない。人々は『薄情者だ』と噂《うわさ》しているのも気に入った兄分が見当たらないから。先ほどの方がこの自分の気持ちを可愛そうに思ってくれるなら、命がけで兄弟分になりたい」

と、気が狂ったようなまなざしで出し抜けに口走り、小脇に可愛がっているペットの狆《ちん》を抱え、長刀《なぎなた》の鞘《さや》を外して離さなかったので、誰も辺りに近づかなくなった。ようやく十太郎に乳を飲ませた乳母《うば》が命がけですがり付き、

「先ほどの旅人を呼び戻して、お前の望みを叶えよう」

と言うと、普段から帰依《きえ》している善見院《ぜんけんいん》の覚伝坊《かくでんぼう》という山伏《やまぶし》を呼び、護摩壇《ごまだん》を用意し、鈴や

錫杖《しゃくじょう》を荒々しく鳴らして、正気を失い弱っていく十太郎のために、加持祈祷《かじきとう》に励んだのであった。

そもそもこの少年は、数奇《すうき》な生い立ちであった。父親の十助が小西家に養子に入って三十五年、六十歳を超えてもなお、後継ぎが授からなかったのを嘆き、躑躅《つつじ》が岡《おか》の天神宮《てんじんぐう》に祈願して授かった申し子こそが十太郎であった。ある夜、十助の妻が、神前の梅の木の梢《こずえ》から緋縮緬《ひぢりめん》のふんどしが一筋《ひとすじ》落ちてきて、胎内に宿る夢を見たが、その明くる日から青梅を食べたがり、月日を重ね、この若衆を産んだのである。

その後、奇妙なことばかりがこの少年の身に起こった。五歳の時には、誰にも習っていないのに大文字を書いて寺社の絵馬《えま》に掛け奉った。あたかも泉屋《いずみや》さよと▼注[6]同じ早熟の筆さばきであった。また、十三歳の時には『夏《なつ》の夜《よ》の短物語《みじかものがたり》』という男たちの出会いと別れの恋物語に筆を染めた。それほど恋の情けをわきまえる創作能力を兼ね備えているのだから、今回正気を失って取り乱したのはよくよく何かの因縁があるのだろうと、ますます痛わしく思われた。そしていろいろ介抱してみたが、次第に朝の脈も弱くなり、夕方には一番煎《せん》じのよく効く薬を処方し▼注[7]たが効き目がなかった。「多分ここまでの命だろう」と覚悟して経帷子《きょうかたびら》（死者に着せる衣）を縫わせ、棺桶《かんおけ》を注文して、今宵《こよい》臨終するだろうというその時であった。十太郎は枕からやっとのことで重い頭をもたげて、

「嬉しい。私が慕うあの方が、明日西日《にしび》が差す時分、必ずこの店の前をお通りになります。そ

れをぜひお引き留めして逢わせておくれ」

と言ったのだ。

「これもたわごとだろう」と思いながらも、町の出口の琵琶首《びわくび》というところに人を待たせておくと、予想通り市九郎に逢うことができた。彼を小西家に案内し、十助がこっそり息子の身に起きた一部始終を語ると、市九郎は涙を流し、

「この上、十太郎さんに万一のことがあったら、私も皆さんとともに出家して、その跡を弔《とむら》いましょう。まず病人にお会いしてこの世のお別れをいたしましょう」

と、十太郎の枕のそばに寄ると、十太郎はたちまち元気な姿に戻って、市九郎に思いの丈を残さず語るのであった。

「体こそ家にありましたが、魂は貴殿の行く先々に付き添って、人にはわからない幻の情交《まじわり》を結びました。平泉《ひらいずみ》の高館《たかだち》の旧跡を見物なさって中尊寺《ちゅうそんじ》の金色堂《こんじきどう》の宿坊《しゅくぼう》にお泊まりになったあの夜、旅の夜着《よぎ》（着物の形をした寝具）の下にこっそり潜り込み、ものも言わずに契りを交わし、左の袂《たもと》に伽羅のかけらを入れておいたのですが、それはどうなっていますか」

と尋ねると、

「いかにも、ここにあります」

と、市九郎はそのかけらを取り出しつつ、

「これまでの不審は晴れましたが、それでも不思議です」

と言うと、十太郎は、

「確かな証拠をお目にかけましょう」

と言って、伽羅のもう一方のかけらを取り出して継ぎ合わせてみると、ぴったり一つになった。炷《た》いてみると同じ薫りだった。「さては因縁の深さよ」と、市九郎は来世までの兄弟分の深い契りを結び、十太郎をもらい受けると、二頭の駄賃馬《だちんうま》が勇ましい足音を立てながら、仙台の五《いっ》つ橋《ばし》を踏み鳴らして津軽へ下ったという。

▼注

[1] 古歌――「宮城野のもとあらの小萩露《こはぎつゆ》をおもみ風を待つごと君をこそまて」(『古今和歌集』巻十四、読人不知)等。

[2] 長持――21頁注[2]参照。

[3] 橘為仲が都へ……――『無名抄』第七十九話に見える説話。

[4] 加賀笠――加賀産の菅笠のこと(図①、『武道伝来記』より)。

[5] 名香木柴舟……――「世のわざの憂きを身に積む柴舟やたかぬさきよりまづこがるらん」(謡曲「兼平」)による。

[6] 泉屋さよ――この名未詳。ただし江戸時代の日記類には、仙台伊達家が秘蔵したのは白菊ではなく、柴舟。少年少女の能筆・能書の記録がままある。

[7] 朝の脈――朝は脈拍が平静なので、朝に往診するのが通常であった。

図①

5
雪中《せっちゅう》の時鳥《ほととぎす》

ホトトギスのためならば、ボクらのすべてを捧げます

《あらすじ》
江戸桜田《さくらだ》辺りのある大名に六歳の若君があったが、天然痘《てんねんとう》を患い、富士のような白い肌に薄紫の斑点があちこちにできてしまった。「美少年に傷がついては一大事」と心配するのは親心。—真冬であるにもかかわらず、夏鳥であるホトトギスの羽根で撫《な》でると効き目があると聞くやいなや、家臣たちに探索を命じるのであった。
幸い、下谷通《したやどおり》の浪人嶋村藤内《しまむらとうない》がホトトギスを飼育していると判明するが、困ったことにこの男は、大変高潔な武士《ぶし》気質《かたぎ》に加えて女嫌いの偏屈者であった。じっさい何度かの交渉もことごとく失敗してしまう。ほとほと困り果てたところへ、ホトトギスの羽根ならぬ、白羽の矢が立ったのが、十六、七歳の美少年金沢内記《かなざわないき》、下川団之介《しもがわだんのすけ》の二人。藤内の偏屈ぶりをよくよくくみとって、用意周到に見事、ホトトギスを若君に届けることに成功した。藤内の武士気質と男色好みを彼らが、どう巧みにくすぐったかは本章を読んでのお楽しみ——。

越前国湯尾峠《えちぜんのくにゆおとうげ》の茶屋の軒端《のきば》には、孫杓子《まごじゃくし》といって大きな杓子を描いた看板を掲げ、疱瘡《ほうそう》

（天然痘《てんねんとう》）が軽くなるという守り札を売っている。また、河内国《かわちのくに》（現在の大阪府東部）の岸《きし》の堂《どう》という観音堂では煎《い》り豆を埋めて疱瘡除《よ》けを祈る風習がある。いかにも、人の親として子どもがあばた面《づら》になるのを嘆かない者はいないのだ。

しかし、女の子にはあばたがあってもさほど困らない。欲にかられた世の中であるから、それぞれに持参金《じさんきん》を付けるので一人もあぶれる心配はないからだ。それにひきかえ、悲しいのは男の子である。たまさか人間として生を受けて見た目は変わらないが、顔の傷の欠点だけで一生恋い慕ってくれる人もなくなるのだ。寺社への参詣の道連れにすら嫌われ者となり、十五歳にもならないうちに着物の脇をふさいで、元服しても惜しむ者はなく、目立たぬ山の花が散った程度に扱われるのがオチだ。今どきの男の子を育てるには、荒い風もよけるくらい気を配るので、人並みの生まれつきでも、見た目が好ましくなるものだ。

江戸桜田《さくらだ》辺りのさる大名の若殿が六歳で疱瘡にかかり、富士山のような白い肌が、治療のための酒湯《さかゆ》に浸した▼注[1]跡一面に薄紫の雲がかかったように変わり果ててしまった。一家中雨が降るごとく涙にくれていたある夜、

「ホトトギスの羽根で肌を撫でると、疱瘡の跡がきれいになります」

と申し上げた者があったので、殿は、

「その鳥を捕らえて来なさい」

と仰せを出した。家中をあげて方々を捜し回ったものの、ホトトギスは夏の鳥であって、今はちょうど深山《みやま》の木々の葉も落ちる頃、池は氷が張り、水鳥以外の姿はどこにもなかった。

ある人が、細工の上手な者に言い付けて、姿の良いヒヨドリに他の小鳥を差し添えた偽物のホトトギスの細工を殿のお目にかけようとした時、毎日筆頭家老《ひっとうがろう》のもとに出入りしていた日本橋小田原町《ほんばしおだわらちょう》の九蔵《きゅうぞう》という魚屋がやって来て、この事情を聞くと、

「私が存じあげているところに、幸いホトトギスがありますから、もらって差し上げましょう」

と申し出たのである。家老は、

「それはありがたい！」

と、九蔵に深く頼み込み、自分は御前《ごぜん》に出て、

「まもなく本物のホトトギスが手に入ります」

と申し上げると、殿の喜びようは大変なものであった。おそばで仕える者たちにも、

「冬だというのに、それは珍しいことがあるものだ」

と仰った。

九蔵はすぐに、すり餌《え》にするための焼き鮠《はや》などを持参して小鳥好きの浪人の家へ行き、

「恐縮でございますが、貴殿のホトトギスを一羽お譲りいただきたくお願い申し上げます。私の倅《せがれ》の疱瘡よけにしたいのです」

と頼むと、

「誰しも子どもは可愛いいものですから」

と、快諾した。九蔵はいったんは、

「かたじけのう存じます」

と帰りかけたが、引き返して、

「今申し上げたのは嘘でございます。実はさるお大名に差し上げるのです。きっと多額のご褒美がいただけます。半分は貴殿に差し上げましょう」

と言った。それを聞くやいなや浪人は、ホトトギスを取り返し、気色《けしき》ばんで朱塗《しゅぬ》りの刀を抜こうとした。それを見た九蔵はほうほうの体《てい》で逃げのびて、事情を申し上げると重臣たちは皆一様に驚いた。中でも、進言した筆頭家老は差し当たって困ってしまい、ひっきりなしに口の立つ使者をさし向けたけれども、浪人は門を閉ざして会おうとしなかった。

時間がいたずらに過ぎて行くうち、若殿が、

「ホトトギス、ホトトギス！」

と仰って待ちかねておられると、殿のお耳にも入り、いろいろ相談し合った。物慣れた明石《あかし》という奥女中が四、五人の京育ちの美女を飾り立てて、早駕籠《はやかご》で浪人の家を訪れた。下谷《したや》をはるばる行き、サイカチの群生した野原▼注[2]のほとりに竹やぶがあり、そこの門に入ると左に草葺《くさぶ》きの庵《いおり》があって、軒に「女人堂《にょにんどう》」と書かれた曝板《しゃれいた》▼注[3]の額《がく》がかかっていた。窓からのぞくと背の高い坊主が墨染衣《すみぞめころも》などは着ないでニワトリの毛を焼いていた。おかしな様子である。なお、奥の

方にはまた門があって、ここには「新高野山《しんこうやさん》」と書いた額がかかっていた。松に吹く風がしんしんとして心も澄み通るようであった。その時、鬢付《びんつけ》や伽羅《きゃら》の油を売っているらしい、年の頃十四、五歳の前髪立ちの少年がのぼせて額《ひたい》に汗をかき、後ろ帯をそそこに結びながら、こりごりしたありさまで逃げて行った。

「ここの旦那様は？」

と尋ねたが、少年は何も答えなかった。そこで坊主頭の門番を呼んでおおよその用件を話し、

「奥へお取り次ぎください」

と頼んだが、

「女と名の付くものはたとえ姿絵であっても、お通しできません。ましてや、そんな見苦しい前結びの帯を締め、口紅や歯を黒く染めた女は旦那様は大嫌いです。たった一人のお母様さえお見舞いにお越しになっても、うちには入れず門口《かどくち》まで逢いに出られるほどなのです。ですから、女のお取り次ぎなど申し上げるまでもなくできかねます」

といくら頼んでも、聞き入れなかったので明石もどうにもならず、「逢えたならうまくたらしこんでやったものを……」と思ったが、「これほどの女嫌いも世の中にはあればあるものだな」と、やむなく屋敷へ引き返した。

さて、明石一行が帰り着かぬうちに、殿の側近にお仕えしている十六、七歳の美少年の武士金沢内記《かなざわないき》・下川団之介《しもかわだんのすけ》の二人が、家老がホトトギスの捕獲に失敗したのを見かねて、心を合

わせ、早馬《はやうま》で浪人の家に駆け付けた。その庵から二町《にちょう》（約二二〇メートル）ほど手前に下人を残し、二人っきりで走り込み、荒々しく枝折戸《しおりど》を叩き開けて竹縁《たけえん》にせわしなく駆け上がり、

「嶋村藤内《しまむらとうない》殿とは御貴殿のことでございますか。唐突で失礼ながら我々二人がお命を申し請けたい」

と言うと、藤内は何とも承知はできかねたが、二人を見るといずれ劣らぬ花と紅葉のような美少年ではあるまいか。

「どの道一度は散らねばならぬ命だ。事情は聞くまでもない。ご安心召されよ」

と、藤内は鎖帷子《くさりかたびら》▼注[4]を三人分取り出し、長い槍を鞘《さや》から抜き、

「今にも追っ手が来るやもしれない。油断めさるな」

と言ったが、団之介・内記の二人は立ち上がろうともせず、にっこりとして目を合わせた。藤内は勇む心をしずめ、

「これには何か御事情がおありになりそうだ。お聞きしよう」

と言った。二人は口をそろえて、

「果たし合いなどではございません。御貴殿のお命を申し請けさえすれば、この家の中にあるものは何でも思い通りになります」

と申し上げた。

「さては、このホトトギスを御所望《ごしょもう》と見た。先ほど言ったように命を差し上げる上からは、何

が惜しかろうか」

と、二羽のホトトギスを両人に渡すと、

「かたじけのう存じます」

と、二人は五色《ごしき》の房《ふさ》の付いた丸籠《まるかご》をさげて門外に出た。下人を招き、一つの大きな挟箱《はさみばこ》▼注[5]を藤内に預けて桜田に帰り、万事抜かりなく運んだ。

その夜のこと。団之介・内記の両人はまたしても藤内宅へ忍び込み、昼間のホトトギスの御礼を丁寧に述べた後で、

「降って湧いたようなことですが、これも御縁でございましょう。今後とも我々二人、お気には召さないかと存じますが、弟分として可愛がっていただきたいのです」

と言うと、藤内は、

「世の中は拙者から心を尽くしてお願いすることばかりなのに、かえってあなた方からこんなふがいない浪人者《ろうにんもの》を人並みに思っていただき、誠にありがたく存じます。しかしながら、お二人のうちどちらかを選ぶことはできません。お二人のお志もわかりかねます。この件は、お許し願いたい」

と断った。団之介・内記は赤面しながら、

「御貴殿を深くお慕いしております証拠には……」

と同時に肩を脱ぐと、団之介の左腕には「嶋村」、内記の左腕には「藤内」と名字と名前をそ

れぞれ刺青《いれずみ》して、

「御貴殿に逢わないうちからこの通りです」

と見せた。

「愛する人の名を入れ墨するのは女のすることだ。本当に命を惜しまないのか見定めてから契りを結びたい」

と藤内は言う。

「さては、我々が命を惜しむとでもお思いか。その挟箱をご覧なさい」

と二人が言い終わらぬうちに、藤内が蓋《ふた》を開けると、中には三方《さんぼう》▼注[6]二つに紙で巻いた腹切刀が二《ふた》腰《こし》入っていた。正真正銘切腹の用意が整っていたので藤内は、

「これは！」

と驚き、二人の間に割って入り事情をただすと、

「先ほどおうかがいした時にホトトギスをもらい請けることが叶わなかったら、無事には帰るまい、その時は潔く果てようと思ってこれを用意したのです。死出《しで》の田長《たおさ》の鳥の異名を持つホトトギスのことにさえ切腹する覚悟をかためましたのに、ましてや衆道の契りに命を惜しみましょうか」

と涙を流した。藤内はいろいろとわび言を並べて謝り、

「この上はもう何も疑うまい」

藤

と、左右二本の小指を食い切って、二人に渡した。

情けと情けを一つに合わせた、世にも珍しい衆道の契約であった。

▼注

［1］酒湯に浸し……――かさぶたが落ちないうちに米のとぎ汁に酒を加えて患部を洗う治療法。発疹の激しい痛みと痒《かゆ》みの緩和に効果があった。

［2］サイカチ――マメ科の落葉高木。利尿剤などに用いられる。

［3］曝板――風雨にさらしわざと侵食させ、木目を出した板。

［4］鎖帷子――80頁注［3］参照。

［5］挟箱――65頁注［2］参照。

［6］三方――角形の折敷《おしき》に、前と左右との三方に透かし穴のあいた台を付けたもの。神仏や貴人へ物を供したり、儀式で物を載せるのに用いる。

巻3
全訳 男色大鑑〈武士編〉

1

編笠《あみがさ》は重《かさ》ねての恨《うら》み

恥辱を晴らすは衆道の義、武士に劣らぬ稚児《ちご》の心根

《あらすじ》

近江国筑摩《おうみのくにつくま》神社の祭りでは、氏子《うじこ》の女たちが契った男の数だけ鍋をかぶって供奉《ぐぶ》するという習わしがある。その祭り見物の一行の中に比叡山《ひえいざん》の若衆、蘭丸《らんまる》もいた。蘭丸はまだ十四とは思えないほどの麗しさであった。これに思いを寄せる井関貞助《いせきさだすけ》によって祭りの帰りに思いがけない恥辱を受ける。蘭丸はそれに対して、確かに自分が心を寄せるのはただ一人であると反論する。周囲のとりなしで事はいったん収まったように見えたが、蘭丸の怒りは収まることはなかった。

蘭丸の兄分は白鷺《しらさぎ》の清八《せいはち》。一生を美道に捧げる髪結い職人であった。蘭丸は事情を明かさないまま清八と夜を共にしたのち、寺に帰って貞助を討ち果たす。その後蘭丸を捕らえ、辱《はずかし》めた寺の荒法師《あらほうし》たちは、蘭丸を追って駆け付けた清八によって、斬《き》り散らされる。しかし三年後、二人がそろって尺八を奏でているのを鶴岡八幡宮《つるがおかはちまんぐう》で見かけた者があったという。

自分の誇りのために恥辱を雪《そそ》ごうとする人の情熱と、嫉妬にかられた人間のあさましい欲望が交差する章段。

丙午《ひのえうま》の女は必ず男を食い殺すと世に伝わっているが、そうとも限らず、女も男もさまざまである。近江国《おうみのくに》（現在の滋賀県）の筑摩《つくま》の祭りでは、風流な美しい女でありながら離縁されてしまった者や夫と死別した者、あるいは他の男との関係が露見した女に、男と契った数だけ鍋をかぶらせ、神事として渡り歩かせるという習わしがある。

年はとっているが姿が優美でしかも顔の美しい女が、鍋一つだけをかぶってそれさえも恥ずかしいと思っている風もあれば、まだ脇明けの振袖を着た娘が、お歯黒もせず眉も抜かない未婚の姿のまま、大鍋を七つも重ねているのもある。この娘の頭が重くてふらふらしているのを、母親が後ろから支え、孫までも背負ったり抱いたりしながら、もう一人の孫の手を引いている。「もう三人も子どもがいるよ」と人々が笑うのも構わず、親子は神殿の奥、榊《さかき》の陰へと消えていく。こうした行列の姿をそれぞれが心に残して帰る道には、薄紫の菖蒲《あやめ》が咲き、清く流れる沢のほとりには、昼顔が西日を受けて、その艶《つや》を失いかけながら咲いていた。

その道を、西日のせいで汗がだらだらと出るのを嫌って、都の富士▼注[1]という名の流行の大編笠をかぶって通って行くのは、比叡山《ひえいざん》の稚児《ちご》若衆の一行である。彼ら比叡山の稚児こそ、衆道の根本とも言える根本中堂《こんぽんちゅうどう》の阿闍梨《あじゃり》たちの夜の相手である。中でも蘭丸はまだ十四歳とは見えないほど艶《えん》なる美少年で、その美しい姿に心を奪われない者は、比叡山の中にはいないほどであった。

さて、この蘭丸と同じ院内に居候していた井関貞助《いせきさだすけ》という者がいる。貞助は稚児や法師と連れ立って帰る道すがら、自分の笠を脱いで蘭丸の笠に重ねた。蘭丸の姿は途端に、それまでの風情ある美しい姿から、おかしな格好になってしまった。周りはそれも一興だろうと面白がったが、貞助は蘭丸を後ろから指さして、大笑いしながらこう言った。

「これは『女もすなる』っていう風習だが、男のお前にも念者の数だけ笠をかぶらせてやるよ」

蘭丸はこれを聞いて立ち止まり、

「私にお相手が何人もいるというのですか！　それは聞き捨てなりません！」

と言ったが、貞助は、

「人に聞くまでもないだろうが。下卑《げひ》たお前様の心にお尋ねくださいな」

とあざ笑った。

蘭丸はにっこりと笑いながら答えた。

「私が師の坊のもてあそび者になっているのは真《まこと》の情けの道ではありません。毎日京から通ってくる人こそが、私のただ一人の念者《ひと》。今この時も忘れられないのに」

蘭丸がこう言って笑顔の奥で涙ぐむ姿は、少しひるんでしまったようにも見えたが、ともかくもその場は穏やかに収めて、皆他のことを話題にしながら船に乗り込んだ。舵《かじ》の音や帆を操る手がせわしい中、船は堅田《かただ》の磯を走り、比叡の諸山の寺の夕暮れの鐘が響き合う頃、ようやく寺に帰り着き、その頃には先ほどの口論のことなど誰も気にしなくなっていたのだった。

蘭丸は、生まれは加賀（現在の石川県）、小松の人であり、長谷川隼人《はせがわはやと》という方の末子《ばっし》であった。

この方は男子ばかり十二人もおり、家は世に栄え、藩の造営した橋の渡り初めにも選《ぞ》ばれた家であったが、無常は続くとみえて、春から花が散り始め、秋には木々の梢が寂しくなるように、その年の霜月までに、十二人中九人までもがむなしく世を去ってしまったのだった。三男の金《きん》兵衛《べえ》に家督《かとく》を譲ったが、間もなく金兵衛は同僚に助太刀《すけだち》を頼まれて無視するわけにもいかず、その年の師走《しわす》二十三日の夜を見納めとして死んでしまった。母親は女心のやるせなさから思いに耐えられず、金兵衛の死から七日もたたないうちに亡くなってしまった。隼人自身は、自分のこの世での楽しみを捨て、武士の身分をも捨てようと、残った一子金太夫《きんだゆう》に名跡《みょうせき》を継がせ、弟蘭丸は出家させる決心をしたのだった。

一人が出家すれば九族（九代にわたる親族）が愛欲の罪を免れるのだと、蘭丸を十二歳の秋に比叡山に上らせ、父の隼人は白山《はくさん》の麓に隠棲した。父はその際に「せめても出家した墨染衣《すみぞめごろも》の姿を一目私に見せてくれ」と心から願い、蘭丸自身も去年出家を申し出たのであったが、「せめて十五の春まではこのままで」と師の坊の情けによって引き留められ、稚児姿のままで情けない思いをしていた。

「今夜貞助と果たし合いをすれば、親不孝の最たるもの」とは思ったけれども、蘭丸は今日の怒りがおさえがたく、周囲がいびきをかいて寝静まった後、これまでの年月、念者と通わせた文を集めて懐かしい思いで読み返した。どれも筆跡が違い、一つ一つ文章も変わっていた。思えば兄者《あにじゃ》は自ら手紙を書くことができないので、自分の気持ちを人に託して書いてもらったのだろう。そのたびごとの兄分の気持ちがなお一層愛しく胸が痛くなるほどである。「自分が死んでしまったら、残された兄者は嘆きも恨みもこの上ないことだろう。思いを定めてから一日過ぎたと言ってもこの一念は必ず遂げよう。夜が明けたら都に行って、可愛い男に今一度この姿を見せ、仮寝の一夜を過ごし、細かな事情は語らずに、浮世の名残にしよう」と思うと、人知れずとめどなく涙が流れた。

比叡山の若衆たちは、「人手がないからと言って、柴刈り男が柴を刈るような荒れた手で髪を撫《な》で付けられるようなことは気に入らない」と言い、それぞれが遠く雲英越《きららご》え▼注[2]をして四里（十六キロメートル）の山道を行き、三条大橋のたもとにある髪結い床まで髪を結いに出掛けていた。中でも上手として名が知れていたのは、鬢《びん》を整える水の乾く間もないほど素早く結い上げる白鷺《しらさぎ》の清八《せいはち》という若者で、このような卑賤な職人にしておくには惜しいほどの者であった。一生をこの男色の美道に捧げ、髪結いの技も優れており、自ら折柳《おりやなぎ》という結い方を編み出した。二つ曲げの毛先が美しい結い方であったので、皆がこの髪結い床を贔屓《ひいき》にし、曙《あけぼの》の頃から先を争うようにして床にやってきた。そのような時でも清八は、蘭丸の姿を見ると、人目も構わず、自分の手すきを待っていた人も差し置いて、特別の櫛を用意し、心静かに蘭丸の髪を結い上げて差し上げたのだった。

ある時、稚児たちが髪結い床を立ち出で、山の麓を一里ほども歩いた頃、折から神送りの月である十月の空は恐ろしく、異様な色の雲が流れ騒ぎ、雨はさほどでもないものの風が荒々しく、落ち葉は肩を覆うほどに散りかかり、撫で付けた鬢《びん》付け油も乾いてしまった。稚児たちはその髪型が崩れるのを惜しんで、枝葉《えだは》の細やかな綾杉《あやすぎ》の茂っている東側の陰で袖をかざし、手で髪をおさえるなどして、山の峰が晴れてくるのを待っていたが、清八は三条から蘭丸たちの跡を追いかけてきて、懐から櫛道具を取り出し、

「御髪《おぐし》のそそけるのが心配で、ここまで参りました」

と、石清水をすくって稚児たちの髪をもとのように撫で付けて差し上げた。周囲はその心根の深く優しいことに、「蘭丸を恋い慕っているのだろう」とおのおの清八の思いを見透かしていたのであった。

その時から蘭丸は清八を可愛いものと思い、清八に身を任せ、行く末久しく頼もしく思っていた。しかし、今日が最後の暇乞いになろうとは夢にも思わない清八は、常とは違って機嫌が悪かった。それもそのはず、蘭丸から四、五日音信が絶えていたのを疑わしく思っていたからで、時折、当てこすりを口にする。蘭丸はそれを切なく情けなく思いながらも、何も言わずに出合宿《であいやど》へと誘い、心地よく飲みかわして、酔っているうちは互いの枕を重ねるほど近く寄り添い、無理もすべて聞き入れて、別れの時はいつものように涙に暮れたのであった。

蘭丸は、律義な寺男を召し連れての帰り際《ぎわ》、竹屋という研屋《とぎ》の細工人のもとに立ち寄り、しばらくして出て行った。清八はそれを隠れて見ていたがあまりに気がかりで、その研屋に入って蘭丸の様子を尋ねてみたところ、研屋は、

「何のためかは存じませんが、刀の一腰の目釘を替え、刃を研ぎ直しました」と言う。「これはおかしい」とすぐに身ごしらえをして蘭丸の跡を追ったが、西谷《にしだに》の近道で茨《いばら》や葛《かずら》に足を痛め、息も絶え絶えになる頃、日が暮れて木々の梢も山の峰も見えなくなってしまった。やっとのことで元三大師《がんさんだいし》の灯火《ともしび》のもとへたどり着いて休んだが、これまでのことを思い、やはり蘭丸の心中《しんちゅう》が疑わしく思われてしまう。その昔、慈鎮和尚《じちんかしょう》がこの山の神々しい姿を歌にお詠みになったということが思い出される。

「我ならぬ人にもかくや契るらんと思ふにつけて濡るる袖かな（私以外の人にもこのように情けかけて契を結んでいるのだろうかと思うにつけて、私の袖は涙で濡れることだよ）」

美しい前髪姿になって現れなさった山の神にお会いになってさえも、「またもや自分以外の人に情けをおかけになるのか」——と思われたのだろう。まして我が恋人は、中国の漢の武帝が愛した鄧通《とうつう》や、比叡山の僧たちを夢中にさせた、新田義貞《にったよしさだ》の甥っ子、義治《よしはる》にも劣らないほどの美少年であるのだから、必ずや男色の輩《やから》が心を悩ませるはず、と、清八がやるせなく心配になっているところへ、寺中《じちゅう》の僧侶たちが手に手に松明《たいまつ》を煌《きら》めかせ、

「蘭丸が貞助を討って立ち退いた！」

と言って早鐘《はやがね》を叩き、ほら貝を吹きたてた。常日頃《つねひごろ》蘭丸に心をかけながらも情けをかけてもら

えなかった恨みを持つ悪僧たちは、手分けをして蘭丸を探したのだった。

清八が「さては」と後に続いて東へ下ると、荒法師が六、七人で蘭丸を捕らえ、思うように自害もさせず、

「どうせこいつは打ち首になる身なんだから、後で恨まれることもないだろう。日頃盃《さかずき》だけでも交わしたいと我々が願ってもつれなく、何の情けもかけてもらえず過ぎてきたのだ。今こそいい折だから、この若衆を肴《さかな》にして飲めや」

と坂にあった売り酒屋を叩《たた》き起こし、口が欠けた徳利《とっくり》の音を鳴らし、欠け椀に注いだ酒を持って蘭丸の口に注ぎ、

「こんな機会に恵まれるとはねえ。こちらの思うようにお情けをかけていただこう」

と蘭丸の袖の下から手を入れて体に触れようとする者もおり、

「今までは己の耳は人の言うことを聞かなかったのか」

と耳を引っぱる者もいる。さらには蘭丸の後ろ帯をほどき、またはその頭に裂き紙▼注[3]を付け、おのおのがさまざまに蘭丸を嬲《なぶ》るが、当の蘭丸は左右の腕を縛られ、抗《あらが》いようもなく、これ以上なくつらい目に遭った。さらには、法師の一人が自分の舌を蘭丸の唇に近づけようとした時には、歯を食いしばり血の涙まで流したのだった。清八はその場に駆け付けると、荒法師どもを斬《き》り散らし、蘭丸を救い出し、慰め励まして、二人でそのまま行方《ゆきがた》知れずになってしまった。

世間では、二人の名ばかりが残ったのだった。

三年ほどが過ぎた頃、ある人が語ったのは「二人ともに修行者に身を変え、連れ立って尺八で鶴の巣ごもり▼注[4]を奏でるその音色の何と懐かしいこと。鎌倉の鶴岡《つるがおか》八幡宮の辺りで見かけました」ということだった。

▼注

[1] 都の富士――当時流行の編笠の名。比叡山の異名でもあるのでそれを示唆している。本話の挿絵（図①）で蘭丸らがその笠をかぶっている様子が描かれる。

[2] 雲英越え――京都市左京区の修学院辺りから比叡山へ上る坂道「雲母坂」を通って行くこと。

[3] 裂き紙――引裂紙ともいい、元結《もとゆい》に用いる紙。これを元結に数多く付けると狂人であることを示す（『西鶴諸国はなし』巻三の三参照）。狂人なら処罰されないぞと言って蘭丸を嬲ったものか。

[4] 鶴の巣ごもり――尺八曲の一つ。親鶴が子を育てて別れるまでがテーマとなる。

図①

2

嬲《なぶ》りころする袖《そで》の雪《ゆき》

雪責めしたのは、ただお前だけだと言ってほしかったから

《あらすじ》

伊賀の国守《こくしゅ》のお小姓組の一人に山脇笹之介《やまわきささのすけ》という才覚優れた者がいた。清少納言にも劣らない機転の持ち主で国守の寵《ちょう》を得ていた。ある日仲間と追《お》い鳥狩《とりが》りに出掛けた笹之介は運よくキジを捕らえるが、実はそのキジは、笹之介に心を寄せる家中の伴葉右衛門《ばんのはえもん》が用意したものであった。事情を知った笹之介は程なく葉右衛門と衆道の契りを結ぶ。ところが春の盛りに花見の宴が開かれた折、笹之介は、葉右衛門が五十嵐市三郎《いがらしいちさぶろう》という美しい若衆と酒を飲みかわしたと聞いてしまう。嫉妬に胸を焦がす笹之介は、帰ってきた葉右衛門を庭に閉じ込め、雪が降りしきる中に立たせたままにする。ひたすらに嬲《なぶ》り続けられ、やがて息も絶え絶えになった葉右衛門は、ついに息絶えてしまう。笹之介は驚き、その場で葉右衛門の後を追い、切腹して果てる。笹之介の死後に寝間を見ると、そこには枕の二つ並んだ整えられた床と酒が用意されていたのだった。

嫉妬がいかに人の行動をエスカレートさせていくのか——相手を嬲り、ついに死にいたらしめてしまう笹之介の高ぶりと、葉右衛門を待ち焦がれていた心を最後の寝間の描写が映し出している。

炭を売る声がせわしく響き、革足袋屋が繁盛する秋を過ぎると、鹿の身の毛もよだつほどに寒くなり、冬山の気色も白く雪景色となる。その曙《あけぼの》のこと、伊賀の国守《こくしゅ》が、

「初雪を夢にみたが、本当に降るとはな」

と仰った。その国守の御前に集められたお小姓組の中に、山脇笹之介《やまわきささのすけ》という者がいた。笹之介は国守の言葉を聞くと御納戸に行き、探幽《たんゆう》▼注[1]筆の富士の掛物を出してきて、座敷の大きな床の間に掛け申し上げた。この即座の機転に国守も喜び、まさに日本一のご機嫌となったのだった。

一条院の御代、雪が積もった朝に「香炉峰《こうろうほう》の眺めは」と中宮定子《ちゅうぐうていし》様が仰せになった時に、清少納言が北の軒端《のきば》の御簾《みす》を巻き上げた。「遺愛寺の鐘は枕をそばだてて聴き、香炉峰の雪は簾《すだれ》を掲げて見る」と白楽天《はくらくてん》が詩に詠んだその心をくんだ機転に、中宮も院も大いにお感じになったとか。今またここに、笹之介が国守の雪の夢に吉夢の象徴として富士の▼注[2]絵を合わせた行為も、たぐいまれなことであった。これをきっかけとして笹之介は国守の側《そば》近く召し使われることとなった。江戸詰は免除され、国守が江戸へ参勤なされた後は、国元で気楽に暮らしていた。

ある日のこと、前髪立ちの若衆仲間四人で追い鳥狩り(鳥を追い立てて狩る軍事用の訓練)に岡野《おかの》辺《べ》に出たところ、目印の松も雪に埋もれ、枯れ草の道もはっきりとせず、岩根や切り株を鳥と見間違えては駆けまわる羽目になり、すっかり興ざめしてしまった。小宮の森の雀さえもおらず、みんなで帰りかけたその時、玉笹の茂みの奥にある、冬になる前に瓜《うり》の番をする里人が薄の穂を葺《ふ》いて作った小屋のある辺りから、▼注[3]キジが飛び出してきた。おのおの撞木《しゅもく》や割れ竹のよ

うな棒切れを持って追いかけまわし、嬉しそうに捕まえていると、さらに続いて、また雄鳥が何羽も現れて面白さがますます増してきた時、目はしのきく下男がその草葺きの小屋に近づいて見てみると、籠にキジを入れた得体の知れぬ男が二人身を隠していた。

「御領内は鳥を取ることを固く禁じている掟《おきて》があるのを知らないのか」

と問い詰めると、一人は笠の陰に顔を隠して逃げて行ってしまった。もう一人は捕らえて痛めつけ、もはや命も危ういかという時に、笹之介が駆け付け、

「己の命をかけての世渡りですから、お許しください」

と男の代わりにわびた。日暮れ近くなったので、皆は「ただで鳥を取れるとは、何と幸せなことだ」と春を待つ梅の枝を折ってキジをくくり付けた。こうして恋も哀れも知らぬ渡り者の中間を供として帰ったのだった。

笹之介は足が痛むことを理由に後に残り、先ほどの捕らえられた鳥捕りに尋ねた。

「どう考えてみても、今日お前があそこに忍んでいたそのわけがわからない。お前が本当のことを語らねば宿には帰さぬ」

という笹之介のまなざしに思わず言い繕《つくろ》う機を失い、

「私は伴葉右衛門《ばんのはえもん》という方の下人でございますが、旦那様は先に逃げ帰りました」

と自白した。

「葉右衛門殿であれば、私も周りも存じている方だ。なぜ逃げ隠れなさるのだ。これは不思議

なことだ」

と笹之介が言ったところ、下人は、

「旦那様が言うには、山脇笹之介という者が狩りに出掛けたようだが、毎日家中が鳥捕りに騒ぐので、今日はもう鳥がいない。それを知らないで出掛けるのでは、お若衆の足元が痛ましくかわいそうだ。心地よく楽しめるようにと庭で飼っていた鳥をあなた方の目の付くところへ放ったのです」

と正直に申し上げた。

「さてさて、そのように思われている若衆の方は限りなくお喜びであろうよ。私もその方にあやかってこうして鳥を得た。これは祝儀だ」

と言って笹之介が脇開けの振袖の羽織を脱いでくれてやると、下男は「こんなものよりは二升樽の酒をくれれば良いものを」と思うのが何ともおかしいことである。その後はこの下男が恋文の仲介役となり、笹之介と葉右衛門は、男色の美道をともに歩むほどの深い仲となり、周りもそれを許したのだった。

ある時、長田《ながた》山の西念寺《さいねんじ》の庭に桜が返り咲いたため、家中は再び春の心持ちとなって見物に出掛けた。「美景栩々維胡蝶《びけいくくたるこちょうをつなぐ》」▼注[4]と詩に詠みたくなるほどに、胡蝶までも捉えて離さない景色の美しさに酔いしれると、これらもやがては朽ちて滅び変化するということも忘れて、酒樽の注ぎ口に口を付けて飲み、若衆らも混ざって飲みかわした。そのうちに、宴も半ば頃であっただろうか、葉右衛門がこの花見の宴に訪れた。これを幸いと五十嵐市三郎《いがらしいちさぶろう》という若衆が、盃にあふれるほどの酒を注ぎ差すと、葉右衛門は通り一遍の返答ばかり「かたじけない」と言いながら、こぼれるほどの酒を受け続けた。とはいえ酔いの回る中でも、思うことと言えば思い人である笹之介のことばかり。何とか刀・脇差は忘れずに笹之介の待つ家に帰った。ところが早くも笹之介にこの様子を告げ口した者がおり、笹之介は胸に炬燵《こたつ》があるがごとく嫉妬で胸を焦がし、折から風が激しくなるのも厭《いと》わず、門の外に立って葉右衛門を今は遅しと待ち続けた。葉右衛門が帰るとすぐにその手を取って屋敷に入り、路地の木戸に錠を下ろし、雨戸も内から鍵をかけ、掃き清めた外庭に葉右衛門を一人立たせておいたのだった。

葉右衛門は事のなりゆきが不安で、しばらくは声も立てず様子をうかがっていた。そのうち、積もりそうな様子の雪が降り始め、初めは袖を払っていたものの、葉が落ちて荒れた梢の桐梧《あおぎり》の木陰も頼りにならず、だんだんと耐えられなくなった。そして息ができなくなって肺腑《はいふ》から常の声も出なくなると、葉右衛門は、

「ああ、今にも死にそうだ」

と喚《わめ》いた。屋敷の中では小坊主相手に笑う笹之介の声がして、

「その程度ではあの市三郎さんからの付け差しの温もりもさめますまい」

と二階座敷から言うのだった。

「お前はそのように言うが、私には何のやましい心もなかったことだ。これに懲りないことが

あろうか。もうこんなことはしない。この後は別の若衆の足跡さえも踏むまい」

と葉右衛門がわびても、笹之介はなお言葉尻をとらえて言い返し、

「それならばその証しにその大小二腰《ふたこし》の刀をこちらへお渡しなさい」

と言って受け取り、さらに葉右衛門を指さしてあざけりながら、

「着物と袴を脱ぎなさい」

と言って丸裸にし、

「いっそのこと、髪も散らし髪にせよ」

とまで言う。葉右衛門はこれも嫌とは言えないので、そのまま言いなりに髪をほどくと、笹之介は梵字《ぼんじ》を書いた三角の紙▼注[5]を投げて寄こし、

「これを額に貼り付けなさい」

と言う。葉右衛門はもはや息も絶え絶えに、寒さのみならず、悲しさのあまり身も震え、形ばかりか本物の幽霊のような声になって、その後は手をあげて笹之介に向かって拝むよりほかないのであった。笹之介は小鼓を打ちながら、

「あら、ありがたのお弔いや▼注[6]」

などと謡曲の文句を謡い出し、下をのぞくと、葉右衛門はせわしなく瞬《まばた》きをしながら立ちすくみ、今は浮世の命の限りとすでに死にそうになっていた。驚いた笹之介が薬を出そうと印籠《いんろう》▼注[7]を開ける間もなく、葉右衛門の脈は絶えてしまったのだった。笹之介はこれを嘆き、葉右衛門を

寝かせたその場所で腹を掻き切ってすぐに跡を追い、今までのことも二人の命とともに夢のごとくになってしまった。

残された者たちのどうしようもない嘆きの中で、常日頃二人が過ごした寝間を見ると、床を取らせて枕を二つ並べ、香をたきしめた白小袖が備えてあり、そばには酒事のための器も用意がしてあった。その様子に葉右衛門を思う笹之介の深い心が思いやられ、皆々その心根に感じ入ったのだった。

▼注

[1] 狩野探幽――慶長七年～延宝二年。江戸初期の画家。安土桃山時代に織田信長・豊臣秀吉に用いられた狩野永徳の孫。探幽自身も武家屋敷や寺社の襖絵《ふすまえ》等をよくし、特に生涯を通じて描いた二十作以上に及ぶ富士の絵は有名。狩野派隆盛の基礎を築いた。

[2] 富士の絵――図①（静岡県立美術館蔵より）。

[3] キジ――図②（西川祐信『日本歌文庫』、国文学研究資料館蔵より）。

[4] 「美景栩々……」――荘子の「胡蝶の夢」を示唆する詩句か。ここでは花見客と胡蝶を重ね、両者ともに花の美しさに酔いしれている様子を指す。

[5] 梵字・三角紙――死者が着ける死装束の一つ。「天冠」「額烏帽子」ともいう。幽霊や亡者を示す際に描かれる。原話の挿絵で葉右衛門の額にも天冠が付いている（図③）。図④は鳥山石燕『画図百鬼夜行』より。

[6] 「あら、ありがたの……」――謡曲「松虫」・謡曲「海士」・謡曲「天鼓」等に見える謡の文句。ここでは図らずもこの謡が本当に葉右衛門の弔いになってし

図①

まうという皮肉な展開。

[7] 印籠——薬などを携帯するための小型の容器。主として武士が腰に付けるなどして持ち歩いた（図⑤、『都絵馬鑑』国文学研究資料館蔵より）。

図②

図③

図④

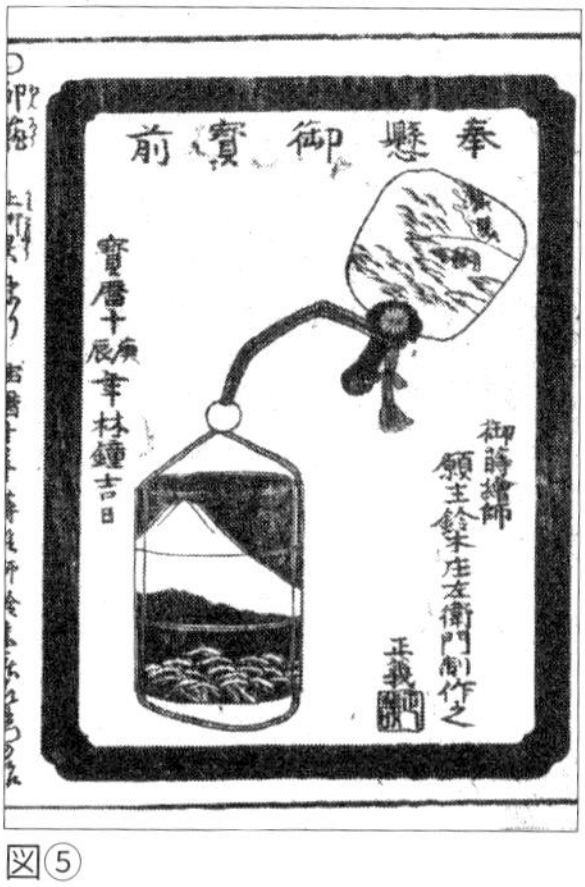

図⑤

3 中脇差《ちゅうわきざし》は思《おも》ひの焼《や》け残《のこ》り

死んだあいつの願いを叶えるために「走れ、半助」

《あらすじ》

「何事であっても女のすることを見るものではない、世にこの衆道より他の道はないものだ」と、高野山に向かう道中で道連れになった男に言われた半助《はんすけ》は涙ぐむ。その半助という男は、駿河国《するがのくに》府中で京物を扱う店の一子であった万屋《よろずや》の久四郎《きゅうしろう》と、十三の年から契《ちぎり》を結んだ仲であった。久四郎がはかなく死んだ後、半助はその骨桶《こつおけ》を高野山の奥の院に納めに行き、やっとのことでたどり着いた千本《ちもと》の槙《まき》の奥で、白装束の久四郎に出会う。久四郎は悲し気に中脇差《ちゅうわきざし》をささげ持ち、自分の名を呼んでいた。驚いた半助に久四郎は、自分の棺桶に親が入れてくれた脇差を郷里へ持ち帰ってほしいと語り、夢のように消えてしまった。半助は不思議に思ったが、言われた通りに久四郎の故郷へ帰ってみると、果たして久四郎が言う通り、親は脇差の返却を迫られて難儀にあっていた。脇差を夫婦に渡し、半助が事のあらましを伝えると、親たちは、何ともたぐいまれな真心《まごころ》の形見を見たものだと、驚いたのだった。

骨桶を抱えて涙する半助が客観的に描かれる前半に対して、後半は半助の視点から物語が語られる。前半の半助のいささか滑稽味のある描かれ方が、必死に久四郎の願いに応えようとする後半の姿との対比を生み出している。

遺骨を入れた桶を二つも風呂敷包みに添えて持ち、まだとても人の世の無常などわかってそうにない若い男が、涙ぐみながら隣に腰掛けた男に高野山▼注[1]への道を尋ねた。ここは摂津《せっつ》・和泉《いずみ》・河内《かわち》の境界にあることから三国《みくに》の茶屋と呼ばれているところで、たまたま二人は並んで休んでいたのである。幸いにも同じ方へ行くということで、二人は語り合いながら歩いて行くことになった。巡礼の者が笠に同行二人《どうぎょうににん》と書き付けるのは弘法大師様と一緒に歩くという意味だが、今は男同士の同行二人である。時は折しも夏至に入って田植え歌が風流に響き、田植えする早乙女の菅笠姿も好もしいものと若い男が眺めていると、もう一人の男が目をそらしながら通り、

「何事につけても、私は女のすることは見ないのです。世に衆道より他に勝るものはないのですから」

と言う。若い男も「私もそうなのです」と男泣きに泣いて、遺骨の入った曲物▼注[2]の骨桶《こつおけ》を手にして、

「それにしても、やはりこの世はつらいもの。長く生きても甲斐がありません」

と哀れに悲しそうな様子である。

「いかがされたのですか」

と連れの男が事情を尋ねると、若い男はこう語った。

「骨になってしまったこの人は、駿河国《するがのくに》（現在の静岡県中部・北東部）、府中の町で京都の物産を商う店の息子で、万屋久四郎《よろずやのきゅうしろう》という比類のないほど美しい若衆でございました。私との仲は久

四郎が十三歳の頃からで、情けも深く、互いに離れず水魚の交わりをなしていたのです。しかし無常なことにその久四郎の命は泡と消えてしまいました。百箇日も過ぎましたので、この骨を高野山の奥の院に埋め、御《お》山の土に返そうと思いまして」

それを聞いた連れの男が

「もう一つの骨桶はどなたの」

と尋ねると

「これも思いは同じなのです。友であった人がお内儀を迎えたのですが、祝言の夜に盃事を行い、松竹を載せた祝いの島台▼注[3]が出てきた時、そのお内儀となった娘さんはうつむいたまま眠るようにこと切れて亡くなってしまったのです。そのお内儀の骨もこのたび預かって納めに行くのです」

と言う。連れの男が笑って

「愚かな人だな。いくら焼灰《やけばい》になってしまっているからと言って、よりによって衆道を好む人が女の骨をその手に持つとは」

と言うと、男は骨を託した友人との約束を違《たが》え、その女の骨を濁った川に投げ捨ててしまった。骨桶は川辺の沢潟《おもだか》▼注[4]や水蕗《みずふき》▼注[5]の葉の陰に沈んでいった。

「お互い、これほどの女色嫌いとはねえ」

とさらに二人は語り合いながら行き、ようやく三日市《みっかいち》という宿場町（現在の大阪府河内長野市）

へ到着した。

二人が到着すると、折から高野山の住職らしき法師が、寺領の里の牛飼いの子どもを無理に若衆に仕立てて連れているのが見える。若衆はまだ耳の裏に昔の垢《あか》の残りが見えている。後れ毛は鬢《びん》付け油で十分に梳《す》いていないので赤茶けているのを巻き立て▼注[6]という結び方で結わせ、安物の無地の浅黄帷子《あさぎかたびら》で、大人用の仕立てである丸袖の着物を、若衆に見えるよう振袖のように脇を開けて着せているのだと思われ、袖が不釣り合いに短い。腰に帯びた大小の刀は檀家《だんか》から寺へ納められた品であろう。鍔《つば》が大きく柄《つか》が細く、それを帯びた若衆の腰付きもおかしな様子である。そうした若衆をこの法師が愛しなさるのは、何とも殊勝なことだと二人は見送る。と、見送った先にはたくましい男が、家の門の前に臼を置き、米を搗《つ》いており、米が大方《おおかた》白くなったところで、この法師を見かけて米を搗いていた手杵《てぎね》を投げ捨て、慌てて身を隠していた。その尻が黒いのは何とも見苦しいものだった。

法師は遠くまで行き過ぎてから立ち止まり、連れていた供の男に何かささやきなさった。すると供の男は寒天や干瓢《かんぴょう》をくくり付けた挟箱《はさみばこ》▼注[7]を下ろし、米搗きの男のもとへ立ち戻り、銭二〇〇文（約四〇〇〇円）を麻ひもでつないだものを米搗きに渡し、

「あちらの法師様は過去のあなたとの関係をお忘れになっていないのに、その後はどうしてお寺にお見えにならないのですか。近いうちにお越しください」

と言い残してその場を去った。後から米搗きの男に様子を聞くと、

「あの御法師様に、長年情けをかけていただいていたのですが、今は落ちぶれてしまい、このような身になり果てております」

と米ぬかを払った袖を涙で濡らした。

自分たちが好む道のことであるから、こうした人々のことも笑わずにそのまま二人は歩みを進め、遊里で遊女のそばにいる少女を指す「禿《かむろ》」という名の宿場（現在の和歌山県橋本市学文路《かむろ》）に着いた。女人《にょにん》を思わせる名なのでいやらしく、高野山に参籠する女性たちのための女人堂までは仕方ないと、女性の姿を見かけるたび目をふさぎながらやってきた。花摘《はなつみ》▼注[8]の辺りから高野山に近づくにつれて次第にありがたい心持ちになり、千本《ちもと》の槙《まき》の木立の奥は日暮れで暗くなり、仏法僧《ぶっぽうそう》という鳥の鳴き声が幽《かす》かに聞こえる辺りまで来たところ、白装束《しろしょうぞく》姿の人が現れた。よく注意してみると、自分が死に別れた久四郎が、愁いに満ちた様子で片手に中脇差《ちゅうわきざし》▼注[9]を持ち、やっと声が届くほど隔たったところから、自分の名を呼んでいる。男は驚き、夢とも現《うつつ》ともわからず、しばらくはぼうぜんとして白装束の久四郎の姿を眺めていた。

久四郎は、

「このように再びあなた様にお会いいたしまして、昔のことを思い出すと懐かしさは尽きません。さて私の臨終に際し、親が私の棺桶の中へこの一腰の刀を少しも惜しくないと言って入れられましたが、実は先祖代々伝わってきたものとこれを間違えているのです。この刀はある武家の方からひそかにお預かりしたものなのです。私が死んだ後、先様からこの刀を返せとの催促が親元に来ているようでございます。親が困り果てているようなので、どうか故郷へこれをお届けください」

と言うと、恋しい姿はそのまま跡かたなく消えてしまった。後に残ったのは古めかしいこしらえの中脇差一腰。これこそが現の世に久四郎が残した証し、久四郎の誠であった。

唐土《もろこし》の湘江《しょうこう》の神、湘妃《しょうひ》▼注[10]が目の前に現れて美しい琴を弾いたような不思議な幻でも見たのだろうかと、先ほど見た久四郎の面影も覚束《おぼつか》なく訝《いぶか》しく思われたが、それでも夢見心地のままで男は走った。国元を出る時に予定していた熊野神社への参詣もあきらめ、久四郎の故郷へたどり着くと、果たして久四郎の両親は百箇日を過ぎても久四郎を思って嘆き続けていた。そこへ使いの者を繰り返し遣わして、

「質草《しちぐさ》として預けた脇差を返せ」

と催促している者が確かにあった。久四郎の親は金銀を積んでいろいろとわびたが、脇差の持ち主は頑《がん》として聞き入れず、

「もとのままで返せ」

という。その無情な催促に、久四郎の親たちは悲しさ極まって墓場に行き、墓を掘り返し、埋めた灰まで探したが中脇差は跡かたもない。どうしようもなく、いよいよ夫婦で住み慣れた家を捨て立ち退こうというその時、久四郎の念友の男、半助が高野山より駆け戻った。

半助が例の中脇差一腰を二親に渡し、高野山に現れた久四郎の様子を語ると、周囲は皆驚き、

「何事もはかなく頼みにできないこの浮世で、亡き人が遺した誠とその形見を再び見ることが出来るとは、ためしのないことだ」と語り合ったのだった。

▼注

［1］高野山――和歌山県にある真言宗総本山、金剛峯寺《こんごうぶじ》を中心とした霊場。高野山に納骨すると極楽浄土へ行けるという信仰もあり、大名や武家の墓碑も多く建てられた。ここではそうした信仰に基づいて高野山に納骨に行こうとしている。

［2］曲物――杉やヒノキなどの薄い板を筒型に曲げ、桜や樺の皮などで綴《と》じて作った器。図①は曲物の骨桶ではないが、曲物桶（図①、『和漢三才図会』国立国会図書館デジタルコレクションより）。

［3］島台――宴席などでの接待や婚礼の儀式などに用いる飾り台（図②、『当流節用料理大全』国文学研究資料館・新日本古典籍総合データベースより）。

［4］沢瀉――水辺に自生するオモダカ科の水生植物。線形・矢じり型の葉を持ち、白い花を付ける（図③、『和漢三才図会』国立国会図書館デジタルコレクションより）。

［5］水蕗――鬼蓮《おにばす》の別名。沢瀉《おもだか》同様水辺に自生するスイレン科の水生植物。大きな葉を持ち水面に浮かぶ。紫色の花を付ける（図④、『和漢三才図会』国立国会図書館デジタルコレクションより）。

［6］巻き立て――若衆髷の種類。髻《もとどり》を元結で二つ折にして巻き立てた髪型のこと。二つ折はいわゆる銀杏髷のこと。「たてかけ」と呼ばれる巻き方と同形か。『世間娘容気《かたぎ》』に「二つ折に髱《つと》出して若衆めきたるたてかけに結はせ」とある（口絵・若衆図参照）。

［7］挟箱――65頁注［2］参照。

［8］花摘――高野山への途中女人堂周辺に「花摘」の地名は見えない。高野山道の途上にある「花折坂」のことを指していると思われる。なお『椀久一世の物語』上でも同様に花折坂と思われる場所を「花摘」としている。

［9］中脇差――刀身が一尺二寸から一尺八寸（約三十六から五十四センチメートル）までのものを言う。町人が護

身用に帯刀した。

[10] 湘妃――中国古代の聖王舜《しゅん》の妃であった娥皇《がこう》と女英《じょえい》のこと。舜が没した際には湘江に入水し、やがて湘江の神となったという。

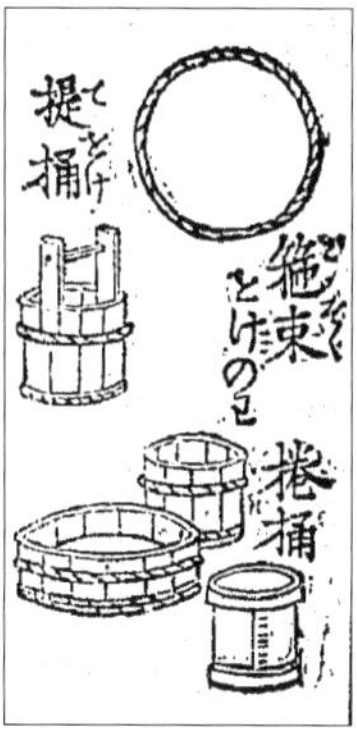

図①

図②

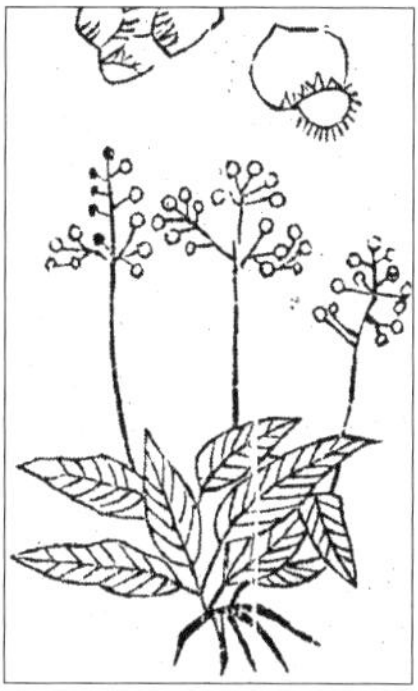
図③

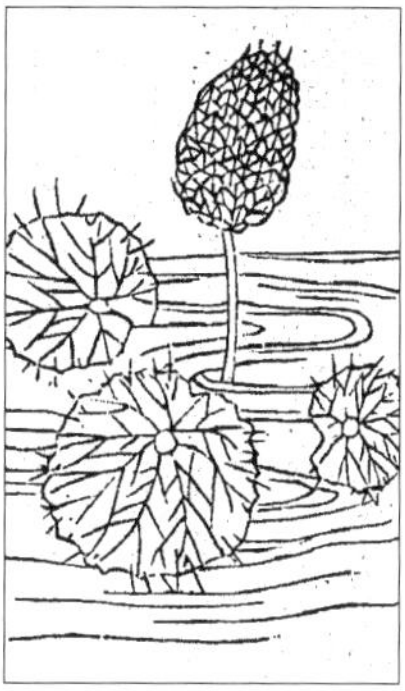
図④

4 薬《くすり》は効《き》かぬ房枕《ふさまくら》

叶わぬなら殺してしまえ美少年、お前こそ殺してやろう野暮男

《あらすじ》

ある殿様に仕える伊丹右京《いたみうきょう》という美少年がいた。同じ家に仕える母川采女《もかわうねめ》は、右京への恋煩いから寝込んでしまう。志賀左馬之助《しがさまのすけ》は采女の恋人であったが、采女の思いの深さを知って、二人の仲を取り持った。ところが、新参者で武骨な細野主膳《ほそのしゅぜん》も右京に恋い焦がれて、茶道坊主《さどうぼうず》松斎《しょうさい》を仲立ちに右京に関係を迫ったが相手にされなかった。松斎は主膳をそそのかし、右京を殺してしまおうと計画した。それを知った右京は、先に主膳を襲い殺害した。

殿は怒りながらも右京を役人に預け、争いの事情を詮議させた。しかし、主膳の両親が厳罰を嘆願したため右京は切腹と決まり、仲立ちの松斎も自害した。帰郷していた采女は、事情を知って右京切腹の場に駆け付け、その場で右京に続いて腹を切って跡を追った。右京の家臣の中には跡を追う者もおり、左馬之助も自害し、右京に関わる多くの人間が命を失った。切腹した慶養寺《けいようじ》には右京采女の墓が残っている。

すべての花は美しさゆえに、枝を折られることになる。さて、とある侍従《じじゅう》（実は堀田正盛《ほったまさもり》のこ

とだが、ここではわざと名前を秘《ひ》す）という殿にお仕えしている、伊丹右京《いたみうきょう》という少年がいた。年は十六、和歌や琴など風流な道に優れ、その姿といったらまぶしいほどの美しさであった。

同じ殿に仕えている母川采女《もかわうねめ》は十八歳で、人柄が生真面目な今風の若者であった。ある時、采女は、ふと見た右京のたたずまいがこの世のものとも思われないほど美しいことに心奪われ、放心状態となってしまった。そのお顔に見とれて、まるで魂が抜け出てしまったように足元もふらふらとなり、そのまま寝込んでしまい、昼夜の区別もなく戸を閉じて、理由を言わずに嘆いていた。采女がだんだん弱っていくのを心配して、親しい人々は薬の相談などを始めた。

そんな折、同じ年頃の若い者たちが誘い合って見舞いにやって来たのだが、その中に、恋い焦がれる右京の姿もあった。素直になれない采女は、恋煩いの思いをひた隠そうとして心乱れ、顔色や言葉にその気持ちが表れたので、人々はなんとなくと気づいてしまった。

見舞いの連中の中に、采女と深く衆道《しゅどう》の契りを結んでいた志賀左馬助《しがさまのすけ》がいた。彼は采女の様子がおかしいのに気づいて、皆が帰った後に一人残り、病んでいる采女の枕元に近づいてささやいた。

「あなたの様子は、何ともわけがわかりません。気にかかることがあるなら、私には遠慮なく打ち明けていただきたい。今日見舞いにいらっしゃった方々の中に、思いをかけておられるお方があるに違いない。そんなに深く思い込んでいるのは、執着といって、かえって罪深いことですよ」

などと尋ねたが、采女は、

「そんなことではありません」

とごまかして、その場をとりつくろった。その後は、いくら尋ねても何も言わずに布団をかぶり、ぼーっとしているだけであった。

その後、陰陽師《おんみょうじ》を招いて占わせたところ、

「この病気で死ぬようなことは決してありません。これは、物《もの》の怪《け》や生《い》き霊《りょう》のたぐいが取り憑《つ》いているのでしょう。徳の高いお坊様に頼んで、加持祈祷《かじきとう》をなさるのがよろしい」

と言うので、上野の天海大僧正《てんかいだいそうじょう》や浅草の中尊権僧正《ちゅうそんごんそうじょう》に頼んで、二夜三日の間護摩《ごま》を焚《た》いて祈ってもらった。采女の母は、他にも大きな神社の神々に願《がん》をかけたので、その効き目があったのか、采女は少し枕から頭をあげられるくらい気分が良くなってきたようであった。

そんな時、また左馬助がこっそりと忍んで来て、

「私との関係を気にしておられるのでしょう。ここは私が間に入って、あなたが恋しく思う人からお返事をいただいてまいりましょう。安心して任せてください」

などと言うので、采女は、

「これまで深い契りを交わした二人の仲であったからこそのご親切。嬉しいお言葉をいただいたものです」

と言って、思いの丈を手紙に書いて、左馬助に渡した。

左馬助はその手紙を袖に入れて、何気なく時計部屋に行くと、ちょうど右京は桜を眺めながら詩歌を口ずさんでいた。左馬助に近寄ってきて、

「昨日は殿の御前で、『貞観政要《じょうがんせいよう》』▼注[1]の講読で一日暮らし、今日もつい先ほどまで『新古今和歌集』を読めと仰せになったので、おそばにおりました。少し気晴らしをしたくて、物言わぬ桜を相手にしておりました」

と、言った。左馬助は、

「それはそれは、幸いなことに、ここにものを言わない哀れなことがございます」

と言って、右京の袂《たもと》深く、采女の恋文を差し入れた。すると右京は、

「これは、私に宛《あ》てた手紙ではないでしょうに」

と笑いながら、庭の木陰の少し暗いところへ入っていったのは、その手紙を読むためであったろう。しばらくして、右京は、

「私のために寝込んでおられると聞いては、そのままにしておくことはできません」

といって、その日のうちに返事をくれた。左馬助がそれを渡すと、采女は嬉しさに起き上がり、夜にはすっかり以前の元気を取り戻した。

しかし、世の中は思い通りにはならないものだ。近頃この家に召し抱えられた細野主膳《ほそのしゅぜん》▼注[2]という男がいた。武勇を鼻にかけて、すぐにでも抜くぞとばかりに太刀の柄《つか》を鳴らして脅すので、皆に嫌われていた。この男も右京に恋したが、なにしろ野暮《やぼ》な男なので仲立ちを頼むこともせ

ず、桜の木の下で右京を捕まえて、うるさい蝉の鳴き声のように、泣いたり笑ったりしてかき口説《くど》いた。ところが、右京から一言の言葉もかけてもらえなかったので、ますますやるせない思いにかられていた。

世の中には「類は友を呼ぶ」という諺《ことわざ》があるように、節木松斎《ふしきしょうさい》という茶道の諸道具を管理する坊主が、この恋の仲立ちを請け負ったのだった。松斎は、右京に向かって

「私の命をかけてお願いします。なにとぞ、情けあるお返事を頂戴《ちょうだい》したい」

と言ったので、右京は笑って、

「お前の役目は、羽ぼうきで茶道具の塵やほこりを払うことであろう。恋の仲立ちなどは無用のこと。この手紙は、茶壺《ちゃつぼ》の口の詰め物にでもすれば良いだろう」

と言って、主膳の手紙を投げ返した。

そこで、松斎は怒りに任せて主膳をそそのかすと、主膳は右京を討って今晩中に他国へ逃げることに決めてしまった。「主膳が夕方に右京を討つため、身ごしらえを始めた」という噂を聞いた右京は、もはや逃れることはできないと覚悟を決めた。しかし、「このあらましを采女に知らせなかったら、後で深く恨まれるだろう。とはいえ、それを言ってしまうと助太刀《すけだち》を頼むようで武士として情けない」と、心を落ち着けて、「采女を巻き添えにして死ぬこともないだろう」と決意した。

その日は、寛永《かんえい》十七年（一六四〇）四月十七日の夜であった。ちょうど、その夜は雨がひどく

降って物寂しく、泊まり番の人々も眠気に襲われて袖を枕にぐっすりと寝入っていた。右京は、今こそと決心して部屋から出たが、その時の装いは何ともいえないほど優美であった。雪よりも白い着物の襟《えり》をキリリと合わせて美しく着こなし、錦の袴《はかま》の裾《すそ》を短めにはき、いつもより強く香をくゆらせ、太刀《たち》を体に引き付けて静かに出て行った。隠しようのない香の薫りに目を覚ましてそれと気づく人もいたが、止めることなく通してくれた。

主膳は広間の泊まり番を務めており、鷹《たか》を描いた屛風《びょうぶ》に寄りかかって、持っている扇の要《かなめ》が外れたのをうつむいて見ているところだった。右京は走りながら声をかけ、刀で討ちかかり、右の肩先から胸の辺りまで斬り付けた。主膳も日頃の武勇自慢らしく、左の手で腰の刀を抜いてしばらく斬り合った。しかし、深い傷の痛みに弱り、

「無念だ」

という声と共に倒れた。右京はそれを押し伏せて、二回刺し通してとどめを刺した。「あの茶坊主にも一太刀浴びせてやろう」と、明かりを吹き消して様子をうかがったが見当たらず、無駄に時間が過ぎてしまった。

するとと、太刀のぶつかる音に目を覚ました泊まり番の侍たちが、奥に駆け込んで来た。隣の部屋にいた侍たちが出口に駆け出した様子は、建久《けんきゅう》四年（一一九三）曽我《そが》兄弟が富士の狩り場に夜討ちをかけた時の騒ぎもこんな風ではなかったかと思われた。玄関の方に待機していた織田の某《なにがし》と建部《たけべ》四郎が急いで明かりをつけ、右京を取り囲んで殿の御前に突き出した。

殿は声を荒げて、

「どのような遺恨《いこん》があるにもせよ、屋敷の中で騒ぎを起こし、上をないがしろにするとはもってのほかである」

と仰って、徳松主殿《とくまつとのも》に事情を調べさせた。主殿が事件のいきさつについて筋を通して申し上げると、

「その方《ほう》たちに右京の身柄《みがら》を預ける」

というご命令であったので、その夜は右京のために一間を用意して、さまざまにいたわった。

さて、討たれた主膳の親は、豊前小倉《ぶぜんこくら》の小笠原家《おがさわらけ》に代々仕えている細野民部《ほそのみんぶ》という者であった。我が子が討たれた場所へ駆け込んで、

「切腹させるのが当然だ」

と怒った。母親は、さる高貴な方が御目をかけられ、いつも和歌の会にお呼ばれになっていた人であった。その人が一晩中はだしになって駆けまわり、息子の死を深く嘆いて、

「人を殺した者を、理由もなく助けて特別扱いすることがあって良いことでしょうか」

と涙で袖を濡らしたので、見る人は気の毒に思った。その中の一人に、お局宮内卿《つぼねくないきょう》（二代将軍秀忠公のご息女であった千姫様にお仕えしていた人）の子で、初めは京都の東福寺《とうふくじ》の修行僧で、主座《しゅざ》（最上位の席）であったが、いつの頃からか還俗《げんぞく》して後藤某《ごとうなにがし》と名乗っている者がいた。彼は馬を飛ばして侍従のお屋敷へ参上し、主膳の親たちのことを申し上げたので、それも道理であるとい

うことになり、殿は右京に切腹をお命じになった。仲立ちした松斎も、自殺したということだ。

一方、采女は事件の前日から、休暇をいただいて神奈川の母親のところへ帰っていた。そこへ、左馬助から事件のいきさつを書き付けた急ぎの文が届き「今日の明け方に浅草の慶養寺《けいようじ》で▼注[3]右京が切腹する」と知らせてきた。「早速お知らせいただきありがとうございます」という返事をして、自身は母への別れの挨拶もしないで早船《はやぶね》を借り、慶養寺に到着したのは夜も白々と明ける頃であった。

采女が山門の廊下の陰に隠れて様子をうかがっていると、稚児《ちご》や法師が集まっていろいろと噂していた。

「もうすぐここで、大変きれいなお顔の若衆が腹を切るそうだ」

「それにしても、人並み程度の子どもでも、できが悪かったりする子どもでも、亡くなったとしたら親の身として悲しいことであろうに。ましてこの若衆のように人並み以上に美しい子なのだから、さぞかし両親は嘆いていらっしゃることだろう。気の毒に」

などと言っているのを聞くと、采女はますます涙を止められない。噂を聞きつけて見物の人々も集まってきたので、身を潜めて右京の到着を待つことにした。

新しい駕籠《かご》が、大勢の警護の者に囲まれて、外門に下ろされた。そこから、ゆったりと現れた右京の様子は、この上もなく華やかであった。白くて美しい唐綾《からあや》の着物には、はかなく消える露草《つゆくさ》が刺繍《ししゅう》してあり、浅黄色《あさぎいろ》の裃《かみしも》を折り目正しく着用し、にこやかに辺りを見回した。卒塔《そと》婆《ば》がたくさん並んでいるのは、その数だけ亡くなった人がいて、それぞれの家族が流す涙の種となったのであろう。

寺の境内《けいだい》の左方に、咲き遅れたらしい山桜が、わずかながら咲いていた。右京は、それを眺めて、

「縦《たと》え旧年《きゅうねん》の花、梢《こずえ》に残るを待つとも後春《こうしゅん》、難頼是人心《たのみがたしこれじんしん》（たとえ、昨年の桜が梢に残って次の春を待っていても、あてにならないのが人の心というものだ。人の心は変わりやすいもの、新しい花に心が移っていくことだろう）▼注[4]」

と吟じた。それは采女のことを嘆いてのことであろう。

錦の縁《ふち》取りをした畳に座《ざ》した右京は、首を斬り落とす介錯役《かいしゃくやく》の吉川勘解由《きちかわかげゆ》を手招きして、切り取った美しい鬢《びん》の髪を懐紙《かいし》に包んで、

「これを京都堀川の母のところへ、私の形見だといって送り届けてください」

と言って、そっと置いた。そこへやってきた和尚《おしょう》が、紫の衣の袖をまくり、生者必滅《しょうじゃひつめつ》の道理をお説きになると、右京は、

「この世で長生きをすれば、どんな美少年でも老い衰え、必ず髪が薄く白くなりましょう。今、若い盛りの美しい時に、自らの思いを遂げて切腹できるということは、これこそ本望。成仏《じょうぶつ》で

きるということです」

と、袂から青地の短冊《たんざく》を取り出し、心静かに開いて、硯《すずり》を借り、

「春は花秋は月にとたはぶれてながめし事も夢のまた夢（春は桜の花を、秋には月を愛で楽しんで過ごしたことも、夢のまた夢のように、はかないことであったものよ）」

と辞世《じせい》の歌を書き残して、すぐに腹をかき切った。

勘解由が、それを介錯して立ち退こうとすると、采女が走り込んで来て、

「お願いします」

とだけ声をかけて、いきなり腹に刀を突き立てたので、勘解由は采女の首も落とした。

右京は十六、采女は十八を最期《さいご》として、寛永の春の末に闇のように消えてしまった。長年仕えてきた家来の中には、この哀れな場面を悲しんで、差し違えて死ぬ者もあり、また髻《もとどり》を切って出家して主人の冥福《めいふく》を祈る者もいたということである。

今に至るまで、浅草の慶養寺には二人の墓が築かれ、辞世の歌は位牌《いはい》に刻まれて残されており、江戸の空高くその名を残している。志賀左馬助も、「自分だけが浮世に生き永らえていても仕方がない」と、思うことを書き残して、二人の初七日にあたる日に自ら命を絶ってしまった。

いろいろと哀れなことが一度に起きたものだ。

▼注

［1］『貞観政要』――中国の政治理論についてまとめた本。政治家必読の書と考えられていた。

［2］太刀の柄を鳴らし……――刀の柄《つか》と刀身は目釘一つ、あるいは二つでとめていた。そのため目釘がゆるむと柄に手を添えた時に音が鳴ることがあった。主善は意図的にその音を響かせて周囲を威嚇《いかく》したのである。

［3］慶養寺――現在の東京都台東区今戸にある曹洞《そうとう》宗の寺院。『江戸名所図会』隅田川西岸の図にも載る。

［4］「縦え旧年の花……」――右京の詩に「難頼（頼みがたし）」の語はないが、素材となった『藻屑物語』にはある。この語句を入れて解釈した方が意味は取りやすいので、補って解釈した。

5 色《いろ》に見《み》籠《こ》むは山吹《やまぶき》の盛《さか》り

純愛か狂気か、ひたすら見つめ続けた、最強の追っかけ

《あらすじ》

わけあって浪人した田川義左衛門《たがわぎさえもん》は、奉公先《ほうこうさき》が決まり、幸せな春を江戸で迎えていた。ところが、目黒不動境内で、ある大名の寵愛を受けているお小姓奥川主馬《こしょうおくかわしゅめ》に一目《ひとめ》ぼれし、仕事も断ってその大名の屋敷の門前に毎日たたずみ、大名が参勤交代で国元出雲《いずも》に帰ると、後を慕って付いて行った。そして言葉を交わすことなどできずに三年たった。主馬も自分を見つめる男の視線に気づきながらも、監視役がいる中では何もできずにいた。

ある時、主馬は武士としての腕試しに人を斬《き》ってみたいと言って、落ちぶれた義左衛門を呼び、彼に言葉をかけることができた。義左衛門の長年の思いを知った主馬は、若衆の意地としてその思いに応えねばならないが、それは殿への不義になるのでお手討ちにしてほしいと殿に訴えた。主馬と義左衛門は死を覚悟して契りを交わしたが、主馬は許され元服することになり、義左衛門はその後大和《やまと》に隠棲《いんせい》して心静かに一生を送った。

大名屋敷の中にある長屋住まいは実に気づまりだ。その気晴らしに、虎の御門を出て行くと、広い武蔵野の果てに渋谷という村がある。そこの八幡社《はちまんしゃ》には、『平治物語《へいじものがたり》』に登場する金王丸《こんのうまる》

という少年の忠義を愛でて植えられたという金王桜《ざくら》が、今を盛りと咲いている。金王丸のように血気盛んな若侍、田川義左衛門《たがわぎざえもん》は、昔は四国に並びなき美少年で、その名は松山に隠れもないものであった。成人の後、事情があって浪人したが、幸運にもすぐに奉公の口があり、浪人前と同じ六〇〇石《こく》で召し抱えられた。願いが叶ったこの春の嬉しさを思いながら、義左衛門は目黒の不動を目指して行った。

境内《けいだい》に入ると、身を清める滝のところに風情ある美少年がたたずんでいた。縁を美しく飾った玉縁笠《たまぶちがさ》には、浅黄色《あさぎいろ》のひもが付いており、髱《つと》（後ろへ張り出した髪の部分）▼注[1]がつややかである。朝顔染めの大振袖を着て、表面をなめらかにした鮫鞘《さめざや》の洒落《しゃれ》た大小の刀を差した腰付きは、いかにもすらりとしている。左の手に山吹の花を持って優しくかざし、静かにゆったりと構えた姿は、とても人間とは思われず、中国の姑射山《こやさん》に住んでいるという美しい仙人が、牡丹に化けたのかと疑われるほどであった。

義左衛門は、ふわふわとその若衆の後を慕って付いて行った。どこかの大名のご寵愛《ちょうあい》の少年だとみえて、監視役らしい法師二人に、若侍もたくさんお供している。後から馬も引き連れているほどであるから、普通ではないご身分であろうと思われる。そのまま、全てを忘れて付いて行くと、二人の法師は一杯飲んだ機嫌で思わず小唄を歌い出し、間もなく赤坂の小六《ころく》の宮（氷川神社《ひかわじんじゃ》）のほとりにある、桐の紋の付いた出雲松江藩《いづもまつえはん》（現在の島根県東部）のお屋敷に入っていった。辻番の者に聞いてみると、

「あの若衆は、奥川主馬殿《おくがわしゅめ》というお小姓でいらっしゃる」

と教えてくれた。

義左衛門は、家に帰った夜も、夢に主馬の二つに分けた前髪姿▼注[2]を見続け、翌日もお屋敷の門の前に立ち尽くした。この調子ではご奉公もできるわけがなく、急に病気だといって辞め、麹町《こうじまち》二丁目の南横町に家を借りて、自由な身の上となった。三月二十四日より、同年十月の初めまで、毎日お屋敷まで通ったけれども、再びあの若衆のお顔を見ることはできなかった。手紙を出して思いの丈《たけ》を訴える仲立ちもないので、明け暮れ恋心に苛《さいな》まれているうちに、このお屋敷の大名は参勤交代《さんきんこうたい》の時期になり、十月二十五日に江戸を出発されることになった。

義左衛門は、どこまでも付いて行こうと決心し、すぐに借家を解約して目に付く家財道具を売り払い、酒屋・魚屋の代金の精算をし、下男の契約も解除して独り身となり、その大名の後をこっそりと付けていった。

その日は神奈川泊まりであった。次の日は、大磯で日暮れになり、義左衛門が恋い焦がれる美少年は、鴫立沢《しぎたつさわ》付近で駕籠《かご》を止めさせ、浜の方の戸を半分ほど開けて、西行の、

「心なき身にもあはれは知られけり鴫立沢《しぎたつさわ》の秋の夕暮れ（この鴫立沢の秋の夕暮れを見ていると、出家して俗世《ぞくせ》の感情を捨てたはずの私にも、しみじみとものの哀れが感じられることだ）」

という古歌を吟じていらっしゃった。義左衛門が目をそらさずにじっと見つめると、愛しい君も目を合わせてくださった。

しかし、ここを離れてからは二度とお姿を見ることもなく、寝ているわけではないのに夢の中を歩いているような現実感のない状態で、宇津《うつ》の山（現在の静岡市と藤枝市の境にある）の切り通しにやってきた。狭い袖摺《そですり》岩の陰に隠れて、美少年が乗った駕籠が通っていく時に窓をのぞき込み、思わず涙ぐんでいると、恋しいお方も心にかかり始めたのだろうか、魅力的なお顔で、優しく見返してくださった。そのため、ますます恋しさが募《つの》って日を重ねていったが、それからはお顔を見ることもできずに美作国《みまさかのくに》津山《つやま》（現在の岡山県津山市）でお姿を見たのが、その旅で美少年を見た最後であった。

出雲国に入ると、義左衛門は生活のために天秤棒《てんびんぼう》をかついで行商をしながら、苦しい生活を続けた。そうしているうちに、その年も暮れ、大名は翌年四月の初めには参勤交代でまた江戸へ向かうことになった。義左衛門も後を付いて行き、その道中では、桑名の渡し場（現在の三重県桑名市）、潮見坂《しおみざか》（現在の静岡県湖西市にある坂道、別名富士見坂）、品川近くの鈴の森の三カ所でお姿を見送ることができた。

そして、大名が江戸在住中の一年は、毎日お屋敷の外から叶わぬ思いを嘆いていた。義左衛門の姿はみすぼらしくなった。恋のためとはいえ、武士ともあろうものが身の程をわきまえないというありさまだった。次第にやつれていったのは、運命としか言いようがない。

翌年、また国元に帰る大名一行の後を慕って付いて行った。あの美少年を見初《みそ》めてから三年、義左衛門はすっかり身なりを構わなくなっていたので、着物の袖はほころび、襟《えり》からは中の綿がはみ出し、脇指《わきざし》一本を差すだけで、とても武士とは思えない姿になっていた。

金谷《かなや》（現在の静岡県島田市）の宿場の外れで、義左衛門は馬に乗ったその美少年をはるか遠くから見つめていた。主馬もこの男のことを見覚えて、「さては、この私に思いを懸《か》けているのだろうか」と、気に掛かって自然と気の毒に思われ、「監視役の隙《すき》がないものだろうか。尋ねてせめて言葉を交わして思いを晴らしてやりたいものだ」と、小夜《さよ》の中山《なかやま》（現在の静岡県掛川市）の松陰で待っていたが、男は追い付いて来ることができなかった。その後は姿を見ることもなく、行方《ゆくえ》も知れなくなった。主馬が、何でもない時に、ふとこの男のことを思い出すことがあったのは、何とも情け深いことであった。

主馬や殿たちが領国出雲に到着してから十日ほど過ぎた頃、義左衛門がやっと追い付いた。足を痛めて、昔の面影もなく、命の終わりも近いようなありさまであった。露のようにはかない命であるが、これほど落ちぶれても恋のためには命をつなぐ他なく、道行く人の施《ほどこ》しを受けるようになった。そして住む家もなく朝には霜が降りるのを簑笠《みのかさ》でよけ、夕方に嵐が吹くと足を縮めて過ごし、昼の間は野末《のずえ》に隠れて、夜勤が終わってお帰りになる主馬の姿を見るのを楽しみに、毎晩御門前に通っていた。

ある時、主馬は家来の九左衛門《くざえもん》をこっそり呼んで、時雨降る夜の淋《さび》しさを語ったついでに、

「私は武士の家に生まれたが、いまだかつて我が手で人を斬ったことがない。これでは、一大事が起きた時に心配だ。ぜひとも、今晩中に試し斬りをしたいものだ」

と命じた。九左衛門は、

「あなた様の資質を普段から拝見しておりまして、いざという時に気後《きおく》れなさるようなことはありえません。理不尽な理由で人を斬っては、天の咎《とが》めもございましょう。そのような機会になるまでお待ちください」

と申し上げた。すると、主馬は、

「理由もなく人を斬るのではない。先ほど、向かいの屋敷の大きな溝を見ると、この世に生きている甲斐もないだろうと思われる物乞いがいた。その男に『何でも願いを叶えてやるから、その後で命をくれるか』と聞いてこい」

と命じた。九左衛門は、

「あのような身であっても命は惜しいはずです」

と申し上げたが、それでも出て行き、溝で寝ている男の枕元近くに立ち寄って、

「突然で失礼だが、頼みたいことがある。この世のはかなさを考えると、人間の一生とは、今降っている雨の晴れ間がいつあるのかわからないように、どうなるかわからないものである。特にお前はこのような醜い姿となって、生き永らえても何の役にも立つこともないだろう。そこで、私がお仕えしている若旦那《わかだんな》のお望みで、三十日の間何でもお前の願い通りに暮らさせてやる代

わりに、刀の試し斬りの相手になってほしいのだ。その跡は立派に弔ってやるから」

と、だいたいのことを語り聞かせると、義左衛門は少しも嘆くことなく、

「どうせ春を待つことができそうもない我が身でございます。寒い夜のつらさをしのいで息も絶え絶えです。私には、親類の端くれもございません。試し斬りにされても、文句を言うような者もおりません。まさに、それは私が願っていたような死に方でございます」

と言って起き上がった。九左衛門は男を屋敷に連れてきて、主馬に男の語ったことを申し上げた。

するとと、主馬は、義左衛門に行水《ぎょうずい》をさせて、着物を与えて着替えさせ、中間《ちゅうげん》部屋（雑役を担う男たちの部屋）に入れた。そして、本人の希望した十日の間[注3]、食べ物を与えてさまざまにもてなした。やがて、約束の日が来たので、夜更けになってから広庭に引き出した。

主馬が、座敷から、

「お前が私に命をくれるという言葉に嘘はないか」

と尋ねると、義左衛門は首を差し伸べて、

「どうか、お手討ちに」

と、申し上げた。

主馬は動きやすいように袴《はかま》をたくし上げて庭の白砂《しらすな》の上に飛び降り、刀で斬り付けた。しかし、義左衛門は全く動かず、その首が落ちることもなかった。実は、主馬の刀は刃《やいば》の部分が潰《つぶ》

してあったのだ。この様子を見物していた家来たちは、皆不思議に思った。すると、主馬は、家来たちをすべて中門《ちゅうもん》の外へ追い出してしまった。

主馬は座敷に座って、義左衛門に顔をあげさせ、

「お前には見覚えがある。以前は侍であったであろう」

と尋ねたが、義左衛門は町人であったと言うので、さらに、

「いやいや、お隠しなさいますな。私に深く思いをかけていらっしゃった様子を見ていました。この場になってもお隠しになっては、いつの世に、誰にその思いをお話になるおつもりですか。それとも、私の見間違いでしょうか」

と問い詰めた。

すると、義左衛門は肌身離さず持っていた竹の皮に包んだものを取り出し、中の柿色の錦の守り袋を主馬に捧げるように持って、

「恐れながら私の気持ちは、ここに書いてございます」

と言い終わらないうちに、涙をぽろぽろとこぼした。

主馬が、守り袋の紫のひもを解いて見ると、薄い紙を七十枚つないで巻物とし、目黒の原で一目ぼれした日から、今日までの恋心が筆に思いを込めて書いてあった。主馬は、感動して四、五枚も読み続けることができずに巻き戻した。そして、義左衛門を九左衛門に預けておき、自分は翌朝早くお城に出掛け、殿の御前に出て、

「私は、ある人に深く思いをかけられました。その人と衆道の関係を結ばなくては、若衆の義理が立ちません。しかし、そのような自分勝手をいたしましては、御掟《おんおきて》に背くことになり、長年の殿のご厚恩を忘れることとなります。こうなった以上は、お手討ちにしていただきたく存じます」

と、申し上げた。殿が、

「詳しい事情を述べよ」

と仰ったので、義左衛門が差し出した巻物をお渡しした。殿は半時《はんとき》（一時間）あまりかけて、その巻物の最後まで一人でじっくりとお読みになった。そして、主馬に対して、

「まずは、屋敷へ帰れ。これから審議《しんぎ》して、その後処分を申し渡すこととする」

と、ご命令になった。主馬は、

「私を屋敷にお返しになりますと、そのまま殿のご恩に背く不義をすることになります。どうか、この場で切腹させていただきたい」

と、さらに訴えた。殿はしばらくお考えになって、大横目《おおよこめ》という監視役に命じて、主馬に閉門謹慎《へいもんきんしん》とのご命令を下された。

主馬は家に帰って、その日から義左衛門の衣類を改めさせ、大小の刀を渡して武士としての身なりを整えさせた。そして、死罪を覚悟して命をかけて契《ちぎ》りを結んだ。これは前代にも例のない衆道の意気地《いきじ》である。身の回りの始末をして死を待つ二人にとっては、何も思い残すこと

はないであろう。

それから、二十日目に謹慎処分が解かれ、その上主馬には、殿から季節ごとに成人の着る丸袖の着物が五枚と三〇両（二四〇万円）の支度金《したくきん》が支給された。これは、全く予想外の処置であった。義左衛門の処置は「その浪人は、明日の出立《しゅったつ》で暦の日柄《ひがら》に問題なければ江戸へ送り帰すように」ということであった。

殿のご配慮のありがたさに感激した二人は、「このご恩に報いることができる日などは来ることがないだろう」と、朝になるのを待たずに旅の別れをし、名残を惜しんだ。

義左衛門は十二月二十七日に、馬で見送りをしてくれた者たちを兵庫から国元出雲へ返した。ところが、江戸へは戻らずに、和歌山の葛城山《かづらきやま》に近い榎《え》の葉井《はい》の水がある里に隠れ住むことにした。髪を散切《ざんぎ》りにして、夢元坊《むげんぼう》と名前を変えて、笹垣の奥深くの住まいから外にも出ず、ものも言わなかった。岩の間を伝《つた》う水の流れがしばらくも留まらない様子を見て心を慰め、聖人が残した言葉を書いた書物を楽しみ、心も清くすがすがしく、流行の美しい扇さえ持つこともなく、暮らしたということだ。

▼注
[1] 髱《つと》――口絵・若衆図参照。
[2] 前髪――口絵・若衆図参照。
[3] 十日の間――主馬の「三十日」という提示を義左衛門は「十日」で充分としたのである。義左衛門の潔さを示す。

巻4
全訳 男色大鑑〈武士編〉

1

情《なさ》けに沈《しず》む鸚鵡盃《おうむさかずき》

遊女に飽き、妻に先立たれ、最後に行き着くところは

《あらすじ》

京都の遊郭の島原で一番の大臣であった、新在家《しんざいけ》の長吉《ながよし》様と呼ばれた男は、藤姫《ふじひめ》と言う高貴な美しい娘を妻に迎えてからは、妻ひとすじになった。嵯峨《さが》に別荘を作り、泉水《せんすい》に鸚鵡貝《おうむがい》の盃が流れてくる間に、女中を二人ずつ向かい合わせて色恋話をさせ、言い負けた方を丸裸にして追っかけ回させたりするなど、お金に任せての遊興三昧《ゆうきょうざんまい》。しかし藤姫はいざ出産という時に、あっけなくこの世を去ってしまった。親族は藤姫に勝るとも劣らない美しい娘を与えるが、長吉は相手にせず、女には飽きたと小姓を置くようになった。

男色に関する記述は最後の一行だけで、『男色大鑑』の主題から外れた箸《はし》休め的な一章だと思われがちだが、あえて全面に女色を描いたことにより、そこまで女色にふけっていた男も、最後に選ぶのは男色だということを強調する効果が生まれている。また享楽的な町人の女色を描くことにより、他の章の命がけの武士の男色を際立たせる効果もあるのだろう。

京の都の室町通に、表の入り口はさほど広くない門構えだが、高級桧《ひのき》、杉の丸太、皮付きの松、

樫《かし》の八角棒、または唐（中国）からの輸入木材と、場所によって一つ一つ柱の建材の種類を変え、屋根を支える垂木《たるき》の先端の装飾▼注[1]もいろいろと趣向を凝らし、壁も五色に彩《いろど》って、格子《こうし》もこの世にあるすべての種類の竹を使っている家があった。この家については、京の人なら誰もが、

「どんな古い筆跡でも誰のものかわかる、嶋の勘左衛門《かんざえもん》という、古筆鑑定士の家です」

と指を差して教えてくれた。しかし、同じ京の都に住みながら、この有名人を知らない男がいた。なぜなら、その男は、毎日、松原通を西へ向かって、大宮通の丹波口《たんばぐち》から島原の遊郭《ゆうかく》に通っていたからで、

「島原よりありがたい場所は他にない」

と言って、黒谷《くろだに》の光明寺《こうみょうじ》が浄土宗だということも、祇園社の本殿が南に向いていることも知らなかった。当然、勘左衛門の家の前など通るはずもなく、島原へ向かう道だけを通り、ひたすら女郎遊びに打ち込んでいた。歴代の遊女の書いた手紙を、人並みに集めていたが、

「私が知らない時代の恋文もあるので、それらの筆跡の鑑定を極めたいものだ」

とまで言い出した。これを聞いた人々はあきれ果ててしまったということだ。

この男は、当時、島原で一番の大臣（金銭を多く使って豪遊する客）で、新在家《しんざいけ》の長吉《ながよし》様と呼ばれていた。咲き始めの花のように美しかった初代吉野太夫▼注[2]を我がものにして、峰続きの吉野山から葛城《かづらき》山にかけて桜を続けて見るように、吉野太夫の次は葛城《かづらき》太夫▼注[3]と親しくなったが、葛城太夫との縁が切れてからは、とある高貴な公家方の娘を本妻に迎えてのめり込んだ。そうなる

と、朝晩に月を眺めることもしなくなり、蚩も邪魔に思い、梢《こずえ》が紅葉しているのも忘れ、軒の先に積もる雪にもいつのまにか興味を示さなくなった。恋しいのは炬燵《こたつ》布団の下で、昼間から房《ふさ》の付いた枕をして潜り込み、そしてさらに一晩中妻と愛し合うのだった。

この高貴な娘は十六歳の春を迎えたばかりで、名を藤姫《ふじひめ》と言い、とある有名な方の落とし子であるということだった。その美しさは、「花の色は移りにけりな」という歌を詠んだ伝説の美女の小野小町《おののこまち》を描いた姿絵など、足元にも及ばないほどだった。歌道は家に代々伝わる流派を習得し、琴をいつも奏《かな》で、流行歌を歌う様子は、庶民が口ずさむ投節《なげぶし》（島原発祥の歌謡）や伊勢節（伊勢の女芸人が始めた歌謡）の替え歌とは、全くレベルが違うものだった。音楽でさえこのように才能豊かで風流だったので、ましてや情けの道は言うまでもなく、嘘偽りなく深いものだった。

さらに二人は時間をかけて愛を育《はぐく》み、お互いの心も通じ合い、そんじょそこらの夫婦とは比べ物にならないほど深い夫婦仲となった。多くの侍女、髪結いの女、表使いの女（家の外での用事を担当する女中）、腰元などが、きれいに着飾って仕えているありさまは、まるで当世風に整えられた御所のようで、他にこのように大事にされる女性がこの世にいるとはとても思えなかった。たとえるなら、か細い枝の葉に隠れて八重のつぼみをつけ、雨を待って今にも咲きそうな、庭先の芙蓉《ふよう》の花のようであった。女盛りの色気に満ちた様子に今にも手が出そうになるが、あくまでも人の花なので、他の男たちが手折《たお》るわけにはいかないのだった。

主人の長吉にとっては藤姫は自分のものであるので、思いのままに愛でることができた。長吉は藤姫との日々の遊び場として、嵯峨《さが》の山奥に別荘を作り、都を眼下に眺め、嵐山を庭の一部に取り込み、大堰川《おおいがわ》の水を引き入れて庭に池を作った。三月三日、この嵯峨の別荘で長吉たちは騒いでいたのだが、その年はまだ桃の花が咲いておらず、

「せっかく今日は桃の節句なのに風情がない」

と、北野から紙細工の職人を何人か急遽《きゅうきょ》呼び寄せ、桃の造花を作らせた。そして、庭に作った川の流れに鸚鵡貝《おうむがい》▼注[4]で作った盃《さかずき》を流し、仕える美女たちを流れの両岸に並ばせ、

「盃が流れてくる間に詩歌を詠むという曲水《きょくすい》の宴《うたげ》も今では古いことだ」

と、詩歌の代わりに恋の言葉で競わせることにした。女たちを二人ずつ向かい合わせに立たせ、自身の秘密にしている恥ずかしいことも包み隠さず、いやらしいことを開けっぴろげに言い争わせ、気の利いたことが言えずに言い負けた方を、

「色道の修行が足りない女だ！」

と、藤姫の目の前で裸にし、腰巻まで脱がして、他の女たちに広い庭を追い回させた。しかし、いくら同じ女同士とは言え、こんなことをするのは、女たちにとって気分が良いものではなかった。しかし庭に面する座敷では、親しく出入りしている者、かかり付けの医者や、気楽に過ごすために出家した者が、この様子を見て手を叩いて喜び、声をそろえてどっと笑った。どんな男でも女の裸を眼前にすると、取り乱してどうしようもなくなるものだ。

日が暮れると、みんな小風呂に入り乱れ、男たちは藤姫以外の女とは自由に戯《たわむ》れることを許された。これぞ一生の思い出となるもの。女の柔らかい手で、お灸の跡に貼る膏薬《こうやく》を替えてもらうなどして、男たちはまるで唐の玄宗《げんそう》皇帝が楊貴妃《ようきひ》と戯れた華清宮《かせいきゅう》のような楽しい空間で、さぞかしすてきな夢のような時間を過ごしたことだろう。

それにしても、この世の中で必要なのは金だ。この長吉も、見た目は特に他の人と変わるところはないのだが、このように自由に遊べるのは、すべて金の力によるものだ。つらつら考えれば、金利で一生暮らすほど良いことはない。自分の家でなら好き勝手にし放題だ。例えば、御所車《ごしょぐるま》に乗っても、人は誰も何も言わない。烏帽子《えぼし》をかぶって牛若丸が浄瑠璃姫《じょうるりひめ》のもとに忍んで行くのをまねたり、鎧兜《よろいかぶと》を身に着けて平通盛《たいらのみちもり》と小宰相《こざいしょう》▼注[5]が慌ただしく交わるのを再現してもかまわない。また、ある時は碁盤《ごばん》の上に座って抱き合うのを楽しみ、またある時は春画を見ながら首引きの秘儀《ひぎ》▼注[6]を試してみたり、自分の妻なら、昼なのに髪が乱れるほど激しく、大声をあげてやかましく喘《あえ》ごうと、思うままに行為に及ぶことができるのだ。

そうこうしているうちに、このような夫婦の交わりが実を結び、藤姫は妊娠初期の兆候として青梅を好むようになり、つわりに悩まされるようになった。早々と岩田帯をお腹に締めるお祝いも済み、まだかまだかと出産予定日までの月日を指を折って数え、お産のための部屋も作り、作法通りの儀式も執《と》り行った。長吉は、

「やっと世継ぎができた」

と喜び、女中に遠方の安産の地蔵まで代参《だいまい》りさせもした。しっかり身元調査をして、子を抱く乳母《めのと》と、子に乳を与える乳母を雇った。産着はゆったりと広い袖で、金箔《きんぱく》の鶴、松竹の刺繍《ししゅう》というおめでたい図柄にし、生まれる前から準備万端だった。

そんなこんなで待ちわびているうちに、ついにその時が来て陣痛が始まり、産婆は襷《たすき》掛けで藤姫の腰を抱き、産婆の補助役の女は右手に子安貝、左手にタツノオトシゴという安産のお守りを藤姫に握らせ、次の間（隣の部屋）ではお産の名医が銀鍋に陣痛促進薬《じんつうそくしんやく》を用意した。表の間では、比叡山《ひえいざん》の祈祷《きとう》坊主や、伏見稲荷の神主が、無事に出産することを祈り、今か今かと待っていると、ああ、これは夢の中の出来事としか思えない。何と藤姫は眠るように息絶えて脈も止まってしまったのだ。女中たちは泣き出して、台所の方でも大騒ぎになり、いろいろと蘇生を試みたが、その甲斐《かい》もなく、藤姫はとうとう亡くなってしまった。

生と死はもう別の世界だ。嘆き悲しんでも、今やもうこのまま置いておくわけにもいかないので、その日の夜に埋葬地《まいそうち》の鳥部山《とりべやま》に送り、次の日の夕方には火葬し、翌朝には灰も塵も何一つ残らないのが、人間の運命というものだ。人の死を悲しむと言っても、他人は念仏を義理で唱えるだけで、袖を涙で濡らすのもその時限り、しばらくしたら死んだ人のことなど忘れてしまうものである。しかし、長吉と藤姫の夫婦仲は特に良かったので、長吉の悲しみは大層深く、すべてを捨てて出家することを考えたが、そのことを察知した親戚たちが目の前で嘆くので、出家することは断念するしかなかった。

百箇日もあっという間に過ぎ、喪《も》に服す期間も終わったので、親戚たちはひそかに藤姫よりも美しい女性を手配して、長吉のもとに嫁《とつ》がせた。みんなの好意をないがしろにするわけにはいかないので、長吉はその女性をそのまま手元に置いたものの全く手を出さず、かわいそうにその女性は夫が生きているにもかかわらず、未亡人のようになってしまった。それでも長吉は色事を辞めることはできず、女にはすっかり飽きてしまったものの、それからは小姓を置くようになった。女色から男色に宗旨替えしても、何の問題もないものなのだ。むしろ最初から女色に行かずに男色にはまれば良かったということだ。

▼注

[1] 垂木の先端の装飾――図①参照（筆者撮影）。

[2] 初代吉野太夫――二代目吉野太夫の可能性もある。生没年不詳。諱《いみな》は禎子（『色道大鏡』）。二代目の諱は徳子。ともに六条三筋町に遊郭があった頃の遊女。

[3] 葛城太夫――同じく六条三筋町の遊女。

[4] 鸚鵡貝――図②参照（『介殻稀品撰』国立国会図書館デジタルコレクションより）。

[5] 平通盛と小宰相――平家の武将とその妻。

[6] 首引きの秘儀――男女が向き合い、輪にしたひもを互いの首にかけて引き合う体位。

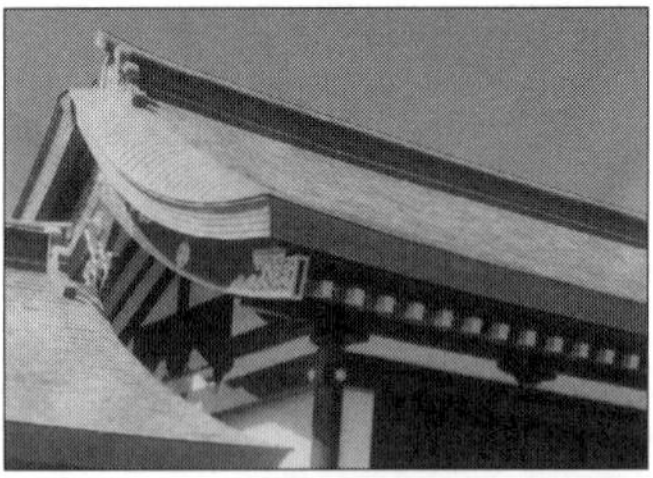

図①

図②

2 身替《みがわ》りに立名《たつな》も丸袖《まるそで》

愛する人の代わりに死ねますか。男色の意気地《いきじ》が奪った三人の命

《あらすじ》

加賀の金沢一の若衆と言われる野崎専十郎《のざきせんじゅうろう》には、地方役人の竹嶋左善《たけしまさぜん》という兄分がいた。ある日、城下で有名な男色好きの今村六之進《いまむらろくのしん》という男が、専十郎に恋を仕掛けるが相手にされないので、左善から無理やりもらい受けようと決めた。それを知った専十郎は、左善のことを思い、六之進に左善を討つようそそのかし、丸袖の羽織《はおり》に編笠《あみがさ》をかぶって左善に変装し、六之進に討たれた。専十郎の心意気《こころいき》に感銘《かんめい》を受けた六之進は、下男に専十郎が左善を討とうとしていると注進《ちゅうしん》させ、専十郎に変装して左善に討たれた。すべてを知った左善は、六之進の亡骸《なきがら》に腰掛けて自害した。

武士の意地と意地がぶつかり合い、すべてが死によって昇華される、まさに「ザ・男色大鑑」とも言える一章。その一方で、若衆が大人の姿に、大人が若衆の姿に変装するという、倒錯のエロスもにじみ出ている。

「あの加賀笠▼注[1]をかぶった方はどなたですか？」

と、野崎専十郎《のざきせんじゅうろう》という若衆を初めて見る人は、誰もが指を差して尋ねる。金沢に若衆盛りの者は多くいるが、その中でも野崎専十郎は、

「こんなに美しく生まれついた若衆がこの世にいるとは思えない」

と評判で、女性も嫉妬《しっと》するほどたおやかな見た目でありながら、心意気はしっかりしていた。

どういう若衆が優れているのか、経験豊富な好色者は次のように言っている。

「だいたい女性と言うものは、女らしくなよなよしているよりも、気持ちはシャンとしている方がいいものだ。若衆も気持ちは男らしくきりっとしているのが良いのは当然だが、パッと見ではゆったりとして勇ましくないのが優れている。このことは色道を究《きわ》めた本阿弥《ほんあみ》（刀剣鑑定の家元）のような人も言っていることである」。

ということは、この専十郎は、まさに鑑定書付きの優れた若衆であると言える。豊臣秀次の小姓の不破万作《ふわまんさく》より八割増しの美少年で、本来なら殿様のお気に入りの小姓になっても不思議ではなく、錦の袋にでも入れて大事にしまっておくべきなのに、その値打ちもわからないような男たちの目にさらされるのは残念でならない。しかしながら、専十郎には大きな欠点があった。花が風で散るのを気に留めないように、命を捨てることなど何とも思わないはげしい気性だったのだ。たとえ専十郎と恋が実っても命がけの恋になることは目に見えているので、誰もが恐れて近寄らず、専十郎は十七歳の春を迎えたのだった。

「まるで山吹の花が誰にも観賞されずに散り、藤の花が手折《たお》られもせずにしぼむようだ」

と男たちは専十郎をたとえて嘆くのだった。

しかし、誰にも知られていなかったのだが、訪れる者もいないような奥深い谷にもウグイスがいて、そのウグイスがひっそり竹にとまるように、世に埋もれていた竹嶋左善《たけしまさぜん》という男と、専十郎は長い間衆道《しゅどう》（男色）の関係にあった。世間の人々が知らなかったのにはわけがある。左善は、城下から四～五里（約十六～二十キロメートル）も離れた山の麓《ふもと》の村里を担当する地方役人だったからだ。二人が兄弟契約を結んだのは、次のようなことがきっかけだった。

その村里の左善の屋敷の隣に、専十郎の叔母にあたる方がいた。ある時、葉も枯れかけた秋の梢《こずえ》が一段と物寂しげで趣《おもむき》があるので、月を見る気分になって、専十郎は叔母のいるこの村里をふらりと訪れた。東の方は山の峰に黒々と生い茂った松が邪魔して、夕暮れ時はまだ月の光を見ることができなかったが、南の方は開けていて、雲も場の空気を読んだのかどこかに行き、村里の晴れわたった空を思う存分に眺めることができた。遠くの方から砧《きぬた》▼注[2]を優美な三拍子で打つ音が聞こえ、「田舎の女でもこのように風流な拍子で打つのだなあ」と感じ入った。この土地名産の加賀絹《かがぎぬ》を織るような蟋蟀《はたおり》（キリギリスのこと。「機織《はたお》り」とかけた）の鳴き声や、鈴虫の鳴き声がか細くなっているのは、「冬も近づき、露や霜の影響を受けて弱ってきているのであろうか」と、ちょっと草の葉先を揺らす程度の風さえ、虫を守るために、思いやり深く自分の着物の袖でよけながら観賞するのだった。そして、「今は人の目に触れない野菊も、夜が明けたらきっと道行く人の目にとまるであろう」と、村里の情景を今の自分の境遇に重ねた。まさに「情け」

と言う言葉は、すべてこの美少年のためにあるようなものだ。

左善は、村里の外れにある観音堂を管理している僧（庵主《あんじゅ》）と普段から俳諧▼注[3]仲間だったので、その夜、「庵主様は、今晩の月をどのようにご覧になるのであろう。発句《ほっく》のネタも尽きたので、即席に一句詠んでもらい、二句目をどう詠むのかも聞こう」と思い、観音堂にやって来たのだが、庵主は戸を閉めてどこかに行っているようだった。灯火《ともしび》の光がかすかに北の窓の紙に映っているので、中をのぞいてみると、『歌林名所考《かりんめいしょこう》』▼注[4]という歌書などが広げられたままで、ついさっきまで見ていたようだった。食器棚の端っこに舛《ます》落としというねずみ捕り器が仕掛けてあるのは、僧であっても暴れるねずみはうるさいからなのだろう。「家にねずみあり、国に盗人あり」と『徒然草《つれづれぐさ》』に書かれているが、入り口に鍵をかけなくても平気なのは、盗人もいないような天下泰平な世の中だからだろう。左善は、風で消えかかった提灯《ちょうちん》の芯を下男に取り換えさせ、携帯硯に雫《しずく》を注いで墨をすり、軒の近くに生えている芭蕉の葉に庵主への伝言を書いた。

松に風が当たる音が声のように聞こえますが、庵主様の行方は答えてくれません。仕方ないので観音堂から見える月を横目に、むなしく帰って寝酒でも楽しみます。一晩寝て夢から覚めた明日は、私の家でささやかなお食事をお出ししますので、ぜひお越しください。茂右衛門《もえもん》の未亡人の亡くなった後の処理も無事に終わったとのこと、庵主様もご満足のことと存じます。

種をいただいた朝顔は、今朝から見事に咲き始めました。

近々、越前国（現在の福井県）にお便りを出される際には、墨流し模様▼注[5]で幅広の鳥の子和紙を三十枚、ご注文くださいますようお願い申し上げます。

一昨日は煮梅をいただき、ありがとうございました。

さて、こっそりお話ししておりました、矢田二三郎《やだにさぶろう》のことですが、この者は若衆としての心意気を持っておりません。兄分である私との衆道関係を迷惑がり、まだ十七歳の花盛りなのに、もったいなくも若衆の象徴である前髪を剃《そ》ってしまい、私の方にいろいろとお詫《わ》びを言ってきたのですが、もうあきれるばかりで、そのまま許してやり、昨晩は仲間で集まり、大笑いして夜を明かしました。

と伝えたいことを思うままに筆を走らせ、結びの言葉もないまま、ざっと書き置きをした。ちょうどそこへ専十郎が通りかかり、「芭蕉の葉に何かを書かれたようだが、月が美しい今晩のことなので、さぞかし素晴らしい歌でも書かれたのだろう」と心ひかれて立ち寄って見てみると、思っていたのと違って詩歌ではなかった。しかし、最後に衆道のことが書いてあったのが面白くて、先に立ち去った左善の耳に入るぐらいの声で、連れていた下男に、

「あれまあ、世の中は思うようにならないとは言うが、まさにこのことだ。せっかく心を寄せてくださっているのに、若衆の身としてそれを無にするとは、恋知らずなやつめ！　誠実な兄

分のためなら、命さえ惜しむものではないのに。私の姿は醜《みにく》いけれど、情けは知っている。それなのに誰も相手にしてくれません。神に誓いましょう、衆道のためなら夜露がかかっても何とも思いません」

と言って、夜露を避けるためにかぶっていた加賀笠を脱いだ。その美しい姿を見た途端、左善は魂を奪われ、専十郎に飛びかからんばかりに近づいて、思わず手を握り、

「ただ今の言葉に嘘偽りがなければ、この通り拝みますので、懇意《こんい》になって、この私と言う人間を一人、お助けください。まるで如来様《にょらい》のようなお方よ！」

と正気を失ったように頼んだ。専十郎はついついその様子を哀れで痛ましく思い、また左善の男らしい容姿も好みの感じであったので、ちょっとした冗談だとも言いにくく、立ったまま、

「来世までの契りを」

と固く誓うのだった。二人は帰る途中、村里の南向きの家で、住人が奥ゆかしくも今晩の名月を眺めているのを見かけた。その家では、塩煮の芋を肴《さかな》に、口が欠けた徳利《とつくり》で飲んでいたが、加賀名産の菊酒はさすがに香りが良い。知り合いでもないのに菊酒を無理に譲ってもらい、家まで帰るのも我慢できず、その場で固めの盃をして、はやる恋の気持ちをおさえきれずに、慌ただしく兄弟の契りを交わした。その後、専十郎は左善にその身を任せ、夢でもその面差《おもざ》しを見るまでになったのだった。

自然と専十郎の気性も落ち着いてきて、花の若衆姿もますます美しくなった。そのため、城

下で有名な衆道好きの今村六之進《いまむらろくのしん》という男が専十郎に思いを寄せ、何通も恋文を送ったが、専十郎は全く取り合わなかった。しかし、武士がいったん言い出したことをこのまま引っ込めるわけにはいかず、六之進は時をおかずに深く思い詰めて行った。そして、専十郎が左善と兄弟の契約をしていることを探り出し、念者《ねんじゃ》（兄分）の左善に迫って、専十郎を無理やりもらい受けようと心に決めたのだった。そのことを専十郎は察知して、「六之進と果たし合いをして命を落とすのも覚悟の上だが、左善殿が後で知ったら我慢できずに六之進に勝負を挑み、命を落としてしまうかもしれない。なんとしてでも愛しい左善殿には長く生きてもらいたいので、そうならないように手を打つことにしよう」と心に決め、ひそかに六之進の屋敷に行き、

「六之進殿が先日から心を寄せてくださったことを、決して無視していたわけではありません。実は、竹嶋左善とははっきり兄弟契約をした覚えはないのに、無理難題をふっかけられて、兄弟の関係になったままでのことで悔しくて仕方ありません。そもそも左善は心根が腐っているので、もうどうにもこうにも困っておりました。六之進殿が私の後ろ盾となってくださるなら、願ったり叶ったりです。左善を誰にも知られずに討ち果たしてくださったら、私は六之進殿に身を任せることにいたします」

と言うと、六之進は大いに喜び、

「今夜のうちに始末しよう」

と身を乗り出すのだった。専十郎が、

「それならば、左善は榎木原《えのきはら》の野道を、いつも四つの時分（午後十時頃）に通って私の屋敷にやってくるので、辻堂の前で待ち構えてくださ い。夜なのに編笠をかぶっているのが左善なので、それを目印にして討ち果たしてくだされ」

と言うと六之進は承知して、左善を討つ用意をして野道に向かった。こうする以外に方法がないとは、何と悲しい浮世のさだめだろうか。

専十郎は自分の屋敷に帰り、行水をしてから身なりを整え、成人が着る丸袖の羽織▼注[6]をまとい、編笠を深くかぶって顔を隠し、左善の姿に変装した。そして、六之進に指示しておいた野道に行き、人目を忍んでいる様子で足音も立てないように、並木に隠れながら歩いた。待ち伏せしていた六之進は、後ろから襲い掛かって斬り付けたが、相手は声も出さず、ましてや刀の柄《つか》にも手をかけず、何ともふがいない最期《さいご》を遂《と》げた。とどめを刺したものの、気が焦ってどこに逃げればいいかわからなくなり、とりあえずその場を立ち退き、笹の茂みの中に身を隠した。すると、討ち果たした相手が、弱々しい声で、

「私が命を失っても、左善殿さえご無事ならば……」

と言ったので驚き、下男に音がしないように火打石を打たせて、もう一度そばに行って見てみると、これはどういうことか、討ったのは左善ではなく専十郎だった。六之進はしばしの間、「これぞまたとあるまじき衆道の美学なるぞ！」と自分の身を犠牲にしてまでも念者を守ろうとした専十郎の心意気に感じ入ったのだった。夫の身代わりとなって妻が討たれた鳥羽の恋塚の昔

話を思い出し、大粒の涙をとめどなく流して袖を濡らし、男泣きをしたが、今となってはどうしようもない。

六之進は、「放って逃げれば、専十郎は辻斬りにあったとでもされ、私もお咎《とが》めを受けず、左善も復讐には来ないだろう。しかし、このことが世間の誰にも知られていないからといって、このまま生き永らえても嬉しくない」と命を捨てる覚悟を決め、下男に自分の計画をしっかりと伝え、専十郎の振袖に着替えて、頭を編笠で隠し、左善の住む村里に行った。そして、下男に荒々しく戸を叩かせ、

「ご注進《ちゅうしん》の者です！　報告に参りました」

と慌ただしい声で叫ばせた。左善は枕から頭を起こし、四、五回ほどその声をよく聞いてから身支度をし、家来《けらい》どもを起こして、素槍《すやり》の鞘《さや》を外し、物見台から様子をしっかりうかがって、それから門を開かせた。六之進の下男は咎められる前に、「危害を加えに来たわけではない」という証しとして、脇差を外して左善の家の者に渡し、

「私は今村六之進様に仕える万七《まんしち》と申します。主人の六之進様と野崎専十郎殿が、近頃、衆道の契約を結び、いろいろと誓約書を交わした上で、『邪魔なのは竹嶋左善である。計略を立てて討ち果たそう』とひそかに取り決めをなさいました。そして役に立ちそうな下男をえりすぐって、計略の概要を言い渡した時、私が納得のいかない顔つきをいたしましたところ、『長年の恩を知らないやつめ！』と大勢の中で蹴り飛ばされ、『手討ちにしてやる！』とすごまれなが

らも、やっとのことで逃げ出し、ここに参上いたしました。どうか命をお助けください。いかに私が下々の者だとは言え、主人の命令に背くことがあってはならないとは存じますが、武士道に反する計略に手を貸すわけには参りません。左善殿もお侍《さむらい》でいらっしゃいますので、侍同士白昼堂々と名乗り合い、果たし合いをして思いを晴らすべきなのに、そうはなさらない主人に見切りを付け、寝返ってこちらのお屋敷に駆け込んだのでいらっしゃいます。どうか私のことをこの先よろしくお願い申し上げます」

と言った。左善はいまひとつ納得できず、

「どちらにしても、夜が明けてから検討しよう。それまではその万七とやらは、お前たちに預けておく」

と家来どもに言い付けて、中に入って行こうとしたところ、万七が呼び止め、

「何よりの証拠に、専十郎殿が先に立ってこっそり様子をうかがいに、間もなくこちらにおいでになるはずです！」

と言った。左善はそれを聞くと考えが変わり、「遅れてなるものか」と家来どもをたくさん連れて、木陰からいきなり道に出た。すると万七が言う通り、そこに見えたのは専十郎の姿に間違いなかった。大振袖で編笠をかぶった忍び姿を、今や憎らしい専十郎だとすっかり思い込んで、

「この恥知らずめ！」

と、一《ひと》討ちで枯れ木の陰に斬り伏せ、

「私と兄弟契約をしたにもかかわらず裏切るとは許せん。これは天罰だ！」

ととどめを刺し、それから篝火《かがりび》のもとで照らしてみると、それは専十郎ではなく、六之進だった。

「これは一体どういうことだ？」

と驚き、万七を引っ張り出して、詳しい事情を尋ねると、万七は一部始終をすべて語った。左善は涙を胸元まで浸し、

「専十郎が私の身代わりになった心根の深さ、六之進が命を捨てた決心を考えると、私も生き永らえても仕方がない」

と六之進の死骸に腰掛けて、本年二十八歳になる秋の末、夜の紅葉を散らすように、自ら身を刃《やいば》で赤く染め、はかなくも命は朝の露と消えたのだった。

　この前代未聞の三人の心意気は世間の評判となり、人の噂も七十五日と言うが、それを過ぎてもやまなかった。涙なくしては語れず、聞くほどに悲しみが募り、恋を知る人は言うまでもなく、恋知らずな農民や馬方でさえ、今でも専十郎が最期を遂げた場所の土は避けて通るのを見ると、衆道を貫く思いは心得ているのだろう。丈夫な金《かね》の草鞋《わらじ》を履いて諸国を探しても、このような話はまたとあるまいということだ。

▼注

［1］加賀笠——108頁注［4］参照。

［2］砧——図①（奥田松柏軒『女用訓蒙図彙』国立国会図書館デジタルコレクションより）。

［3］俳諧——正確には連歌の俳諧。現在の俳句の基となった。五七五に七七を付け、百句続けるのが基本。最初の句を発句と言う。

［4］『歌林名所考』——江戸期成立。連歌等に使用する名所を列挙しその名所を詠んだ歌を掲載したもの。

［5］墨流し模様——図②（筆者作成）。

［6］丸袖の羽織——図③（『男色木芽漬』国立国会図書館デジタルコレクションより）。

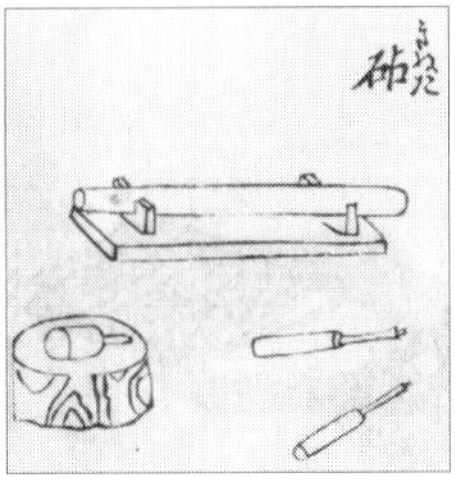

図①

図②

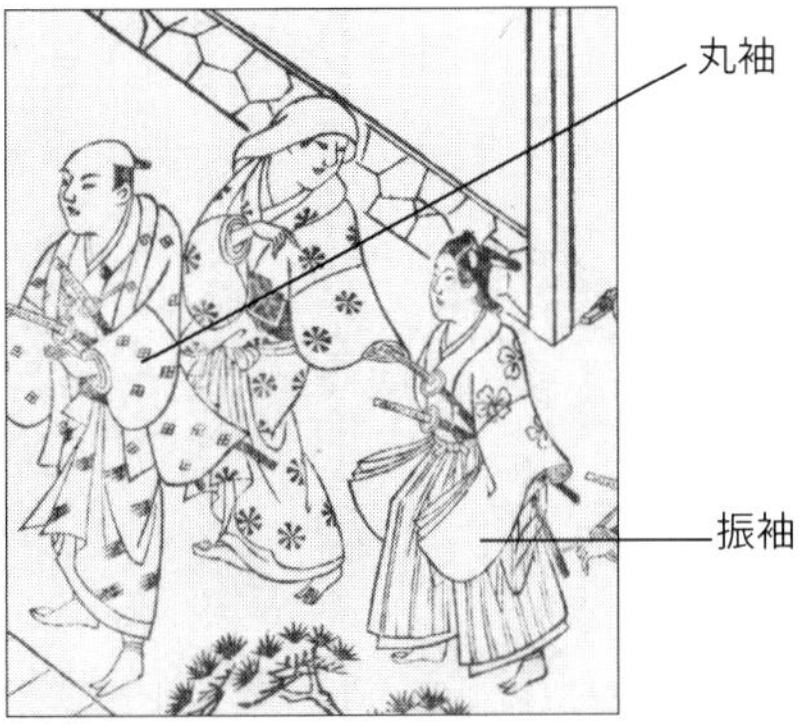

図③

3 待《ま》ち兼《か》ねしは三年目《さんねんめ》の命《いのち》

世にも奇妙な三角関係、知らぬは松三郎ばかりなり

《あらすじ》

和歌山の美少年菊井松三郎《きくいまつさぶろう》は瀬川卯兵衛《せがわうへえ》を兄分と慕い、深い男色関係にあった。竜灯《りゅうとう》見物の日、松三郎は岩橋虎吉《いわはしとらきち》という若衆がある漢詩を口ずさむのを聞く。卯兵衛と虎吉の関係を疑い、嫉妬にかられた松三郎だったが、誤解だったことが判明し、二人は一層仲を深めた。

ある時横山清蔵《よこやませいぞう》という侍が、卯兵衛に松三郎を譲るよう迫るが、三年後に果たし合いで決着をつけることになった。しかし、その間に卯兵衛と清蔵の二人は親交を深め、三年目の約束の日に刺し違えて死んだ。これを知った松三郎は皆が出家を勧めるのも受け入れることなく、自害の道を選んだ。

松三郎を取り合う恋敵《こいがたき》の関係であった卯兵衛と清蔵は、皮肉にも彼の元服を待つ間に親交が深まっていく。それなのに、なぜ死を選ばなくてはならなかったのか。松三郎は二人のことを本当に何も気づかなかったのか。奇妙な三角関係が魅せる切なく悲しい一章。

和歌の浦が美しい景観を保っているのは、布引《ぬのびき》の松があるからである。いつの時代に種がま

かれて二葉が芽生え、若葉を茂らせたかわからないほど時が流れたが、布引の松は今もなお、昔と変わらず美しい緑色を見せている。

この先ずっと天下泰平が約束されたかのような穏やかな海では、決まって毎年七月十日の夜、竜神が捧げる灯火《ともしび》と言い伝えられている明かりが、海中に現れる。この夜は人々が遊山船《ゆさんぶね》を仕立てて、和歌山城下の新堀から浮かれて乗り出す。

その屋形船には都の女にも勝る美人が幔幕《まんまく》の物見の穴から、ちらちらと姿を見せている。波の音に交じって小歌の声が聞こえ、松の木の間を通して吹く風にも、琴や三味線の音が響き渡る。大杯《おおさかずき》になみなみと注がれた酒を飲みながら、川下に下っていくと、妹背山《いもせやま》は夫婦のように仲睦《なかむつ》まじく寄り添っている。茂った蘆《あし》を押し分けて漕《こ》いでいき、ここのさまざまな佳景を眺め暮らしていると、今日の夕日の沈む阿波《あわ》の鳴門《なると》の辺りは、波風もない。人の心は穏やかで、何かにつけて贅沢《ぜいたく》になってきたというのも、刀が鞘《さや》に納まったまま、抜かれることがない天下泰平の世の中になった証拠である。

ちょうどその頃、磯辺近くを見ると、船頭とは思われぬ者が漕ぐ小舟に、深編笠《ふかあみがさ》をかぶった若衆が乗っていた。どんな美少年かと笠のうちをのぞき見たいと思っていると、その浜の名（吹上の浜）の如く川風が編笠を吹き上げた。それは、菊井松三郎《きくいまつさぶろう》という知らぬ者のない情愛濃《こま》やかな美しい若衆であった。この若衆は、兄分の瀬川卯兵衛《せがわうへえ》と深く契ってわずかの間も離れることはなかったのに、今日に限ってただ一人だけで、しかも人の目を忍ぶ様子である。普段の事情を知る人は、不思議でならなかった。

それから玉津嶋《たまつしま》の入り江に舟を寄せると、若衆が七、八人も乗り込んでいる華やかな屋形船が浮かんでいた。他の船とちがって、謡《うたい》や鼓《つづみ》の音もせず、それぞれ親しそうな相手と二人ずつ寄り添って、ささやき合っている。添い寝をする者もあれば、一画づけという筆の遊び▼注[1]をしたり、扇《おうぎ》引《び》きという遊び▼注[2]をする者もいる。これこそ思い合った同士を乗せた恋船で、これほどうらやましいことはない。

その中でたった一人、相手のない美少年が船尾の櫓《やぐら》の方へ行き、柿色の団扇《うちわ》を手に持って、それに書き付けてある漢詩を何度も吟じ、後には暗誦《あんしょう》するほどになった。松三郎が小舟を漕ぎ寄せ、こっそりそれを聞くと

「花質紅顔《かしつこうがん》筆に口なし、夙縁薫《しゅくえんくん》ずる処《ところ》同床《どうしょう》に契る、只看《ただみ》る夜々《やや》多情《たじょう》の夢、二六時《にろくじ》中《ちゅう》曾《かつ》て忘れず（あなたは筆や口では言い表せないほどの美貌の持ち主ですが、幸いなことに私とは前世からの縁があったようで、同じ床に入り契りを結ぶことができました。それからは毎夜夢のようなひとときを過ごせるようになり、片時もあなたを忘れることはありません）」

という詩であった。「私もこの詩は忘れられない。兄弟の契りも深い卯兵衛殿に、先月の十七日の夜、いつもより楽しく逢って別れる時、その場で詠んで手ぬぐいに書いてくださった詩だ。

私たち二人以外にこの詩を知る者はいないはずだ。それなのに、よりにもよってあのような若衆の手に渡って、ひどく感心している様子は、ただ事ではない」などと思いながら、松三郎は急に怒りで顔を赤くして、屋形船につないである料理船の小者に、その若衆の名前を尋ねたところ、

「それは、岩橋虎吉《いわはしとらきち》殿です」

ということで、さらにその屋敷のことまで詳細に語ってくれた。

松三郎は、紀三井寺《きみいでら》の入相《いりあい》の鐘が鳴る頃に屋敷へ帰り、すぐに卯兵衛のところへ訪ねていった。卯兵衛が、

「機嫌が良くないのは、私が同船しなかったからか」

と、どうしても同船できなかった事情を説明したが、松三郎は一向に聞かない。

「卯兵衛殿は侍ではない。先月私を可愛がってくださった後、この私のことを詩に詠んでくださったのを大変嬉しく思いました。でもあなた様は気が多くて、他の人にもその詩をお詠みになったのではないですか。いや、確かにそうに違いありません。私よりも先にその方へ差し上げたのかもしれません」

などと、すべて言い終わらぬうちに

「悔しい」

と言って泣き出し、自害もしかねない様子であった。

「なるほど、なるほど、一通り話は聞いた」

卯兵衛は松三郎を落ち着かせ、

「そんなことを言うのは若気の至りというものだよ。だいたい詩歌というものは、似たり寄ったりの作品があるものだよ。李白が故郷の妻を思いながら作った詩に
「呉州《ごしゅう》如《も》し月を看《み》ば、千里互に相思《あいおも》へ（呉州でもしあなたが月を見るなら、千里遠く離れている私も同じ月を見るので、お互いに思い出そう）」

というのがあるが、杜甫《とほ》もまた、

「今宵《こよい》武州《ぶしゅう》の月、閨中《けいちゅう》唯《ただ》独り看《み》るらん（今夜の武州の月は、寝間でただ一人で見ることだろう）」

という詩を作っている。昔の中国の人も気持ちは同じで、このように似ることもあるのだ。日本の歌人（西行法師『新古今集』）も、

「月見ばとちぎりて出《いで》し故郷《ふるさと》の人もや今宵《こよい》袖ぬらすらん（月を見たらならば、お互いのことを思い出そうと約束して旅立った故郷のあの人も、同じ月を見て、今頃は涙で袖を濡らしていることだろうよ）」

と詠んでいる。ところでその詩はどういう若衆が吟じていらっしゃったのか」

などと穏やかに尋ねた。松三郎はろくに聞きもせず、

「その方のことを私が申すまでもございません。あなたがよくご存じのはず。お考えになったらよろしいでしょう」

と答えると、卯兵衛は何のことかわからず、

「とにかく、その人の名を教えてください」

と尋ねる。

「なんて空々しいご様子。ますます気に入りません。岩橋虎吉という美しい若衆様にお送りになったのでしょう」

と言ったので、卯兵衛は大笑いして、

「何だ、知らなかったのか。その虎吉は私の姉の子どもだよ」

と答えると、松三郎はあっさり機嫌を直して、

「つまらぬことを疑ってしまい、今更お恥ずかしい」

　などと謝った。すると卯兵衛も、

「それも深く私を思ってくれているからだろう」

と言い、それから二人は一層意気地《いきじ》を磨き合って仲を深めた。それを人々も優しく見守ってい

たのに、世間には恋知らずがいるものである。

横山清蔵《よこやませいぞう》という男が松三郎に思いをかけ、卯兵衛とも面識がある間柄なのに、「なんとしてでも松三郎を譲ってほしい！」という手紙を突き付けたのは困ったことであった。卯兵衛の身にとって、こんな迷惑なことはなかった。卯兵衛は、

「『この恋は千年の後までも』と契った松三郎のことであるから、譲るなどもってのほかである」

と返事をした。

清蔵も言い出したからには、引くに引けないところがあって、身支度をして卯兵衛の屋敷へ出向き、果たし合いを申し込んだ。卯兵衛も覚悟のほどを表《あらわ》し、

「時を延ばしても仕方がない。今夜和歌の松原で落ち合い、死出《しで》の道連れにしてやろうぞ！」

と答え、時刻を打ち合わせて清蔵は門外へ出た。しかし引き返して来て、

「私はしばらく考えてみたのだが、松三郎は今年十六歳、若衆の花盛りはこれからだ。あなたがその花を見捨ててあの世へ行くのは何より不本意であろう。あと三年待ったら松三郎も元服である。その時ならこの世に心残りもあるまい。三年間は待つことにしよう。武士同士の約束は破るまい。三年たった今日という日に、この胸の思いを晴らそうではないか」

などと話すと、卯兵衛はそれを聞いて満足し、

「その時はもうこの世に何の未練もない。よくぞ申してくれた。潔《いさぎよ》く刀を合わせて決着をつけよう」

と、お互いに固く約束して、清蔵は自分の家に帰った。このことは他に誰も知るものはなかった。

卯兵衛は松三郎にも深く隠して、いつもの通り親しくしていた。その後、卯兵衛と清蔵は不思議な縁で親しくなり、明け暮れ語り合うようになった。月日のたつのは早いもので、あっという間に三年目を迎えた。卯兵衛が松三郎に元服を勧めると、

「もう一年くらいは若衆のままでいたい」

と言ったが、無理に勧めて前髪を剃《そ》らせ、元服させた。

卯兵衛は「今こそその時が来た！」と喜んで、十月二十七日になると、

「かつて約束した日となった」

と、早朝から卯兵衛と清蔵はそろって町はずれの寺へ行き、しみじみと最後に語り合った。住職をはじめ使用人たちはそんなこととは夢にも知らない。現実かと思えば、実は幻なのが世の中というものである。「今こそ最後」という時、卯兵衛は使用人に挟箱《はさみばこ》▼注[3]を開けさせて、位牌《いはい》を二つ取り出した。それには二人の俗名と今日の月日まで彫り付けてあった。お互いの位牌を取り交わして花を手向け、しばらくはものも言わないで、互いの心意気を感じ合い、折からの時雨のように袖を涙で濡らした。念仏を唱えながら誠の思いがこもった刀を抜き払って、卯兵衛は二十三歳、清蔵二十四歳の命を、花が散るかのように、はたまた月が雲に隠れるかのように惜しくも捨ててしまった。

後に残った松三郎は胸さわぎがして、その夜のうちにこのことを聞き付け、お寺に駆け込ん

だ。

「今年でまだ十九歳。ぜひ出家なさって、お二人の跡をお弔《とむら》いなさいませ」と、みんなが勧めるのも聞き入れず、そのまま自害し、同じ枯れ野の霜と消えた。

それにしても武士の家に生まれた者は、後世に名を残すために、こうして潔《いさぎよ》く命を捨ててしまうのである。このことを詳しく書き留めて世間の話の種にしようと思ったが、あまりにも情けや義理の深い話で、哀れさが先立ち心が沈んでしまった。ここ紀州には筆捨て松と言い、誰もが絶景を前に筆を捨ててしまうという有名な松があるが、その名の通り、筆を捨てて嘆くばかりである。

▼注

［1］一画づけ――二、三人で集まって一画ずつ書き、思いがけない絵柄や文字を作る遊び（『嬉遊笑覧』巻3参照）。

［2］扇引き――親指と人さし指で扇の端と端を持って互いに引き合う遊び。扇ずもう。

［3］挟箱――65頁注［2］参照。

4 詠《なが》めつづけし老木《おいき》の花《はな》の頃《ころ》

シワシワな君に恋してる、君は永遠の若衆だから

《あらすじ》

江戸谷中《やなか》の門前町に二人の老人が暮らしていた。一人は玉嶋主水《たましまもんど》という者で、昔は飛ぶ鳥を落とすほどの美少年、もう一人は豊田半右衛門《とよだはんえもん》という武芸達者な侍で、若い頃から衆道関係が続いている。主水に横恋慕した男を討ち果たし、脱藩《だっぱん》の末、人目を忍んで暮らしている。

二人とも老人となるまで女の顔を見ずに生きてきたが、衆道の身だしなみは忘れない。上野の山の花見の時節、雨宿りの女の一人が家の中を覗《のぞ》き込んだところ、老人は竹箒《たけぼうき》で追い払い、跡には砂と塩水を打ってその場を清める始末。ここまで女嫌いというのも珍しいことである。

約五十年もの間、念友として生涯を共にする二人。しかし衆道関係とは、若衆が元服したら（髪型を変えて成人の姿となったら）終わるものである。ところが、主水は成人の髪型となってはいない。つまり六十歳過ぎても少年のままなのである。特殊な関係の二人が求める幸せとは何なのか考えてみたくなる一章。

「痔《じ》の薬あり、すべての症状に効果あり」と書き付けられた板切れを軒にぶら下げ、障子を立

てて簾《すだれ》がかけてある、一間《いっけん》（約一・八メートル）間口《まぐち》の店があった。本職は大橋流（幕府の公文書で用いる書風）の習字の手本を売っているのだが、なにしろ老人の筆跡なので、好む人もめったになく、暮らしの足しにはなりそうもない。

そのみすぼらしい住まいは、江戸谷中《やなか》の門前町にあって、軒端《のきば》の松はねじれて、凌霄花《のうぜんかずら》▼注［1］の花が優しく咲き乱れていた。庭には夏菊を作り、きれいな水をたたえた井戸のはね釣瓶《つるべ》の柱のてっぺんには、カラスが何とも言えない佇《たたず》まいで止まっている。そのカラスのように尾羽《おは》うち枯らし、うらぶれた様子で暮らしているのは、貧しい年老いた浪人であった。若い時から奉公の望みを捨て、蓄えていた諸道具を売って食いつなぎ、その日暮らしの生活をしてきた。朝夕共に暮らすのは、やはり同じ年頃の浪人で、二人は碁を打つ友達でもある。その他には斑《まだら》の狆《ちん》を一匹飼っているだけで、仮にも訪ねて来る人はなかった。

ある暑い日のこと、汗が帷子《かたびら》（ひとえの着物）の袖《そで》を濡らし、あおぐ扇の手もだるくなったので、日暮れを待ちかねて、一人の老人が行水《ぎょうずい》で汗を流した。その後ろ姿を見てもう一人の老人は、「こんなにも変わるものか」と、骨張った背骨を撫《な》で、腰から下の皺《しわ》を悲しんで涙にむせび、「『高歌一曲明鏡《こうかいっきょくめいきょう》を掩《おお》う、昨日は少年、今日は白頭《はくとう》（声高らかに一曲歌い、鏡の中の自分の姿を見て、すぐに鏡を掩《おお》ってしまった。この間まで若いと思っていたのに、そこに映っていたのは白髪頭の老人だった）』という詩を中国の詩人（唐の許渾《きょこん》）が作ったというけれど、自分たちの身が変わったことと思い比べて、悲しくてならない。昔はそなたに、さんさ節（元禄時代のはやり歌）を歌わせて遊んだこともあったのに」

と、二人は手を取って、行水の湯が水になるまで涙を流すのであった。

二人はちょうど良い年頃の念仏仲間のように見えたのだが、どうもおかしいので、何か事情があるのかと様子を聞いてみると、この二人の生まれ故郷は、筑前福岡の城下であった。その当時、一人は玉嶋主水《たましまもんど》といって、飛ぶ鳥を落とすほどの美少年で、博多小女郎《こじょろう》(筑前博多の廓に実在した伝説の遊女)ではないかと疑われるほどであったという。もう一人は豊田半右衛門《はんえもん》といって、武芸の嗜《たしな》みの深い侍であった。主水に深く思いをかけると、主水の方でも半右衛門の気性に惚《ほ》れ込み、主水が十六歳、半右衛門が十九歳の頃から、深く衆道の契りを結んだ。

こうして福岡にある海の中道《なかみち》(島と陸地を結んでいる砂州《さす》)のように結び付き、互いに深く愛し合っていたのに、他の侍が主水に横恋慕し、あきらめる様子がなかった。決着をつけるよう、たくさんの人が竈山《かまどやま》の火桜《ひざくら》のように焚《た》き付けたので、双方果たし合いの約束をした。闇夜を幸いに、幸い橋という名の橋で落ち合い、主水と半右衛門は、相手と助太刀の者をもろともに、手際よく討ち果たした。その夜城下を忍び出て、名告《なのり》を求められるという木の丸の関所も越え、豊前《ぶぜん》の海岸から船に乗って脱藩したので、人目を忍ぶ身となり、今ここに隠れ住んでいるのだという。

今年主水は六十三歳、半右衛門は六十六歳になるまで、昔と変わらず愛し合ってきた。二人とも一生女と枕を交わすこともなく、この年まで生きてきたのは、これこそ衆道の鑑《かがみ》というべ

きであろう。半右衛門は今でもまだ主水を若衆のように思い続け、白髪になった薄い鬢髪《びんぱつ》に、花の露という鬢《びん》付け油をふりかけ、若衆のように巻き立て▼注[2]に結わせているのもおかしかった。よく見てみると、主水の額は若衆の時のままで、角にそり込みを入れて半元服した跡もなく、生まれたままの丸額《まるびたい》▼注[3]であった。普段も若衆時代の身だしなみを忘れず、房楊枝《ふさようじ》で歯を磨いたり、髭《ひげ》を抜いたりしているのだが、事情を知らない人が見たら、とても衆道の仲だとは思わないだろう。

ところで、殿に寵愛された小姓《こしょう》が成長して妻子を持った後までも、素晴らしいことに、殿は衆道の関係だった頃を、なんとなくお忘れにならないという。よくよく考えてみると、女色と男色には、同じ色でも大きな違いがある。女の色香はその場限りで飽きてしまうものだが、若衆の色香《いろか》は衆道に徹してこそわかるものである。

「全く女の風俗はいやらしいものだ」と、この二人は町中で暮らしながら東隣とは火の貸し借りもしなかった。なりゆきで夫婦喧嘩が始まり、鍋釜《なべかま》を割るようなことになっても、

「自分たちが損をするだけよ」

と、仲裁などしなかった。それどころか、壁越しに亭主の方に加担し、

「ご亭主よ、女房は叩《たた》き殺して、若衆の草履《ぞうり》取りを置け！」

と歯ぎしりするのも滑稽《こっけい》であった。

ちょうど三月の花見の頃、上野山の桜見物に人々が集まり、池田・伊丹《いたみ》・鴻之池《こうのいけ》からの清酒

も、この時売り切れてしまいそうな賑《にぎ》わいである。天も花に酔ったような景色で、地には物欲《ものほ》しそうな人たちの足音がする。この家の老人二人は家の中でも足音を聞き分け、男の時は「もしや若衆ではないか」と走り出て眺め、女の時は戸口を閉めて、がっかりした気持ちになってじっとしていた。

　春は空模様が変わりやすく、にわか雨が降り出し、美しく着飾った女たちも散り散りになり、今日の名残を惜しんでいた。女たちの一群が、賑《にぎ》やかな様子でこの浪人の家の軒下に雨宿りし、「こういうところに知り合いの人がいたら良いのにねえ。そうしたら煎じ茶をご馳走になって、夕方まで遊んで、傘も借りられるのに。ひょっとして夕飯なんか振る舞ってくれたりしたら、食べて帰れるはずなのにねえ。この辺りには知り合いがいないから残念だわ」

などと言いながら、出しゃばり女が戸を少し開けて、家の中をのぞき込んだ。老人はその顔を見るとすぐに、手元にあった竹箒《たけぼうき》を引っ提げて駆け出し、

「むさ苦しい！　汚《けが》らわしい！　そこを立ち退《の》け！」

と、荒々しく追い立て、その跡に乾いた砂を撒《ま》き、四、五度も地面をならして、塩水を打って清めた。

　これほどの女嫌いは、江戸広しといえども、他に見たことがない。

▼注

［1］凌霄花――夏に咲く橙色の大輪の花。「凌霄」とは「空をしのぐ」意で志の高いことをいう。図①は『訓蒙図彙』国立国会図書館デジタルコレクションより。

［2］巻き立て――口絵・若衆図、144頁注［6］参照。

［3］丸額――口絵・若衆図参照。

図①

5

色噪《いろさわ》ぎは遊《あそ》び寺《でら》の迷惑《めいわく》

武士編の最後は、許嫁と結婚。これでいいのか

《あらすじ》

尾張国《おわりのくに》熱田神宮の神職高岡川林太夫《たかおかがわりんだゆう》の子外記《げき》は、若衆ながら兄分として格の高い神主の大中《おおなか》井《い》兵部太夫《ひょうぶのたゆう》の息子大蔵《おおくら》と、衆道の関係を結んでいた。

ある日、遊び寺の貸座敷で若衆仲間がばか騒ぎをし、外記も芝居のまね事をして脇差《わきざ》しを抜き、倒れかかったところ、誤って大蔵の首を斬り落としてしまう。外記はお上から切腹を命じられるが、いざ切腹という時に、外記の許嫁《いいなづけ》の美少女が取りすがった。兵部太夫は命がけでお上に願い出て、外記の命は救われた。そして外記と許嫁は祝言《しゅうげん》をあげ、家を譲られた。

『男色大鑑』なのに、男色には重きが置かれず、なぜか女色でハッピーエンド……と締めくくられた一章。若衆時代の過ちから最愛の人を殺し、後を追って死ぬことも許されぬまま、不本意な人生を強いられる、哀れな男の残酷物語にも思えてくる。多様な読みの可能性が広がる不可思議な話。

はかなさを競い合う趣向として、「名月の夜に雨」と「花盛りに風」という決まり文句がよ

く使われる。しかし、たとえ名月が雨に隠れて、花が風で散ったとしても、次の年の春秋になれば、また見ることができるというものである。それに比べて、一度してしまったら取り返しのつかない義理死《ぎりじに》というものほど、はかなく悲しいものはない。

死後の世のことは誰も見たことがないのだから、よくわからない。だからこそ長生きを楽しみ、伝説の蓬莱山《ほうらいさん》で作られたかのような甘《うま》いものを食って暮らすほど気楽なことはない。俗にその蓬莱山といわれる尾張国《おわりのくに》（現在の愛知県西半部）熱田の宮の宿外《しゅくはず》れに、三途《さんず》の川の奪衣婆《だつえば》の木像が立っている。ここは往来の激しい場所であるが、通行人は冥土《めいど》への旅人ではないので、この婆《ばばあ》も着物をはぐことができない。今日一日とは言え、浮世に生き永らえているからこそのことである。

人の身は儚《はかな》いものであるが、ここに朝顔の種が生じて花盛りの若衆となったのではないか、と思われるような人がいた。

熱田神宮の西の御門のそばに、大中井兵部太夫《おおなかいひょうぶのたゆう》という格式の高い神主が住んでいて、大蔵《おおくら》という息子がいた。同じ神主の高岡川林太夫《たかおかがわりんだゆう》という者の息子に、外記《げき》という今年十八歳の角前髪《すみまえがみ》▼注[1]がいた。まだ美しい若衆盛りなのに、もう兄分の格で、大蔵と兄弟の契りを結んでいた。この二年あまり、二人の気持ちは、熱田神宮の八剣《やつるぎ》の宮に納めた命がけの誓紙《せいし》の通りで偽りはなく、いつも身に影が添うように一緒で、少しの間も独りでいることはなかった。

ある時、若衆たちが日頃から林の中の遊び場として使っていた寺に、仲間が大勢集まった。

住職の留守をいいことに、

「今日はしたいことをして騒ごう！」

と言って、すぐにはしゃぎ出した。その遊びっぷりと言えば破天荒で、小鷹和泉《こたかいずみ》の籠脱《かごぬ》け▼注[2]（曲芸）のまねをしたり、銅鑼《どら》▼注[3]や鐃鉢《にょうはち》▼注[4]を打ち鳴らして、本堂や客殿に響かせた。仏様も動かされて、後光《ごこう》や台座を踏み割られ、蝋燭《ろうそく》立ての鶴亀も千年や万年生きるどころか、あっという間に細かく砕かれてしまった。きれいに作られた庭を荒らし、早鐘《はやがね》をついて近所を驚かした。

その後は遊びの趣向が変わって、「非人《ひにん》の敵討《かたきうち》」▼注[5]の三番続きの狂言を始めた。外記は悲壮な立ち回りをする主人公のように、石塔の陰から怪我《けが》をしたまねをして現れたまでは良かったが、調子に乗って我を忘れ、木刀を捨てて本物の脇差を抜いて持ち、目を閉じて倒れかかろうとした。すると大蔵が外記を心配して駆け寄り、

「これはどうなされました」

と言って、すがりつき介抱しようとしたところを、外記が思わず斬ってしまったのである。大蔵の首はころりと落ちた……。こうなったら、いくら嘆いても仕方がない。みんな涙にくれて、前後不覚となり、しばらくは言葉をかける者もいなかった。しかし外記は覚悟をして、

「もう、少しもこの世に生き永らえていたくない。大蔵、今行くぞ」

と死骸に寄り添って切腹しようとした。それを大勢が取りすがって先延ばしにしてしまったのは、心ないことであった。

ちょうどそこへ住職が帰って来て、事情を聞くと、

「こうなってはもうお前の勝手にできる命ではない。まずは大蔵の親たちに経緯《いきさつ》を話してすっきりさせ、自分の親にもこの世の暇乞《いとまご》いをし、その後に速やかに切腹し、名を後世に残しなさい」

と、道理を尽くして諫《いさ》めた。

「仰る通り、命は私自身のものであるけれど、天から預かったものでもあります。この上は、ご住職のお言葉に従います。こうして最期を待っている間も残念でなりません」

と言って、外記は涙で両袖を濡らした。

その覚悟のほどはいかにも哀れで、その場にいた若衆たちはすべて、外記と共に命を捨てることも厭《いと》わぬ思いになったのは立派なことであった。親類の端くれまでも、この寺に来て、大蔵の変わり果てた姿を見て涙を流すと、そのために寺前の松や柏《かしわ》も枯れてしまうかと思われるほどであった。

大蔵の親の兵部太夫は、自分の子のことはさておき、外記が命を落とすことを悲しんだ。そして住職を介して、大蔵の代わりに外記を自分の子にして跡目《あとめ》を継がせたいという願いをいろいろとお上に申し上げた。しかし御審議の結果、どうしてもお許しが出ず、

「切腹をさせよ」

という仰せに従い、外記にそのことを申し渡した。もともと覚悟していた身であるから、外記は今さら気後れすることもなく、切腹の準備をすると、周囲の人々に、

「大蔵が命を落としたところなので、この寺で最期を遂げたいとは思うのですが、私が長年お世話になっている浄蓮寺《じようれんじ》で死なせてほしいのです」

と頼んだので、望み通りに浄蓮寺へ連れて行った。

駕籠《かご》の戸は両方ともに開け放してあった。白装束に無地の浅黄色《あさぎいろ》の袴《はかま》をゆったりと履《は》き、大前髪《おおまえがみ》▼注[6]を結った外記の姿は、今日はことさらに美しかった。見送る人々は胸もつぶれる思いで、

「さらば、さらば……」

と互いに言い合う声も、次第に遠ざかって行った。

外記は道すがら、いつもより早く筆を走らせ、大蔵の両親へ、顔向けできぬ仕儀に至った自らの思いを、何度も何度も書き残した。程なく駕籠が浄蓮寺に着くと、外記は和尚から心静かに臨終の心得を授かり、切腹用の畳に座って、人々に最期の挨拶をした。小脇差《こわきざし》を持ち直して、

「今こそ最期」と見えた時、白い練絹《ねりぎぬ》の被衣《かずき》▼注[7]姿の十四、五歳の美少女が駆け付けて、

「私も一緒に参ります……」

と覚悟を決めた様子で外記に取りすがった。

外記はこの女にまるで見覚えがなかった。この事態に困惑し、

「一体何のまねですか」

と咎《とが》めるように言ってから、事情を聞こうとした。すると外記の親である林太夫が涙をおさえながら、

「お前が全く知らぬのも無理はない。この娘は塚原清左衛門《つかはらせいざえもん》というご浪人のご息女《そくじょ》で、私とも血縁関係があるが、お前の母と仲が悪いので、長い間こっそりとやりとりをしていた。大変しっかりした娘であることを確認したので、ぜひとも我が家の嫁にと約束していたのだ。そして来年の春頃にはお前の母親も説得し、めでたく呼び迎え、お前の妻にしようと思っていた。そうしたことも無駄になってしまった。思い通りにならない世が恨めしい」

と話した。この説明を聞いて、人々はまた改めて涙をこぼした。そして、

「これはまたとない心持ちの女である。命を捨てさせるわけにはいかない」

と、声々に娘の命を惜しんだ。

兵部太夫は、命をかけて再びお上にお願い申し上げた。そうして願い通り外記の命は許されて、自分の子とし、その娘をもらって取り急ぎ祝言をあげた。

やがて家督《かとく》を譲り、親子仲睦《むつ》まじく暮らしたということである。

▼注

［1］角前髪——口絵・若衆図、22頁注［5］参照。

［2］籠脱け——図①（『和漢三才図会』より）。

［3］銅鑼——寺院で用いる打楽器（図②、『諸宗仏像図彙』国立国会図書館デジタルコレクションより）。

［4］鐃鉢——寺院で用いる打楽器（図③、『諸宗仏像図彙』、国

図①

立国会図書館デジタルコレクションより）。

［5］非人の敵討――上方の歌舞伎作者福井弥五左衛門作の二番続きの狂言『非人敵討』を指す。寛文4年頃大坂で、荒木与次兵衛により初演された。非人姿に身をやつした主人公が自ら手負いの体をかばいながら悲壮な立ち回りをして敵を討つという「手負い」の芸が見せ場として有名で外記がまねて演じたのもこの場面である。

［6］大前髪――前髪を剃らずに結った髪型。

［7］白い練絹の被衣――精練した絹で作った、頭から背後にかぶる小袖。

図②

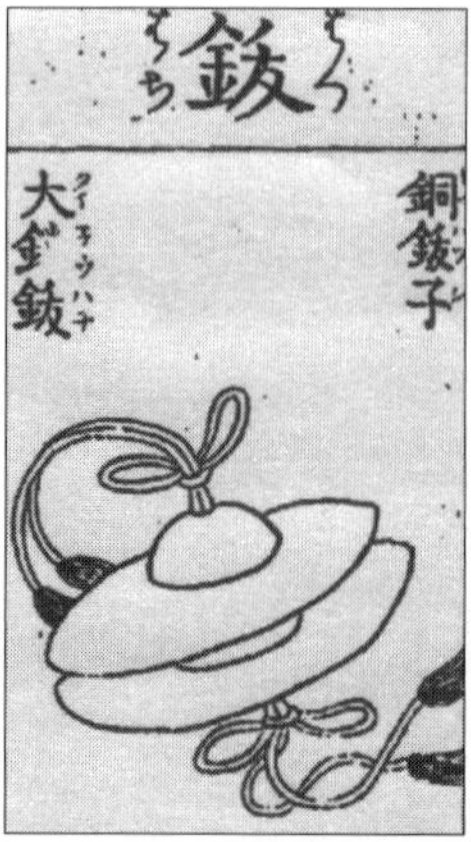

図③

解説1 マルチＯＳ西鶴の『男色大鑑』……畑中千晶

一、西鶴その人

「西鶴《さいかく》の本名は平山藤五《ひらやまとうご》。大阪の裕福な町人の生まれで、妻も盲目の娘も早くに亡くした。西鶴商売の第一線を引退してからは、俳句（当時の言葉では俳諧《はいかい》）と小説（のちに浮世草子《うきよぞうし》と呼ばれ、西鶴から始まるとされるジャンル）の創作に打ち込み、全国を旅して気ままな一生を送った……」。こうした経歴がまことしやかに語られはするものの、実のところ根拠資料は『見聞談叢《けんもんだんそう》』（伊藤梅宇《いとうばいう》著、元文《げんぶん》三年（一七三八）自序）という文献ただ一つしかありません。国語や歴史の教科書では、井原《いはら》西鶴という名前で知られていますが、その「井原」姓も、実は母方のものとする説があります。伝記的な情報が極めて少ない作者なのです。ただ、没年が元禄《げんろく》六年（一六九三）であったことは、墓石（大阪の誓願寺《せいがんじ》にあります）が証明しています。辞世の句から五十二歳で没したとわかるので、そこから逆算すると、生年は寛永《かんえい》十九年（一六四二）となります（ヨーロッパで清教徒革命が起こった年ですね……もちろん直接の関係はありませんが……）。

さて、文芸上の特記事項はと言うと、浮世草子を世に送り出したのみならず、矢数《やかず》俳諧で数々の記録を打ち立てたことがわかっています。矢数俳諧とは、今風に言うなら、俳句を詠むスピードのギネス記録を競うような感じ、とでも言いましょうか。一昼夜二十四時間で西鶴は何と二万三五〇〇句を詠みます（単純計算で約三・六秒に一句。もし休憩を入れたとすれば、さらに高速作句）。あまりに速すぎて記録もできず、棒線を引くのが精一杯だったとのこと。もはや他の俳人の追随を一切許さず、この競技の息の根を止めたというのが、彼の何よりの自慢です。質より量と言っては、西鶴に申し訳ないかもしれませんが、ともかくも圧倒的な量へのこだわりが見て取れます。量で他者を圧倒するというのは、町人ならではの感性でしょうか。ちなみに、『男色《なんしょく》大鑑《おおかがみ》』という作品もまた、西鶴作とされている二十余りの浮世草子の中で最も分量の多い作品であり、そのこと一つを取っても、本作が西鶴にとって極めて重要な意味を持つ作品だったに違いないとされています。なお、このような視点から『男色大鑑』の価値を積極評価したのは、本書のもう一人の編者、染谷智幸さんです。それまでの西鶴研究史においては、書名の与えるインパクトに研究者自身が怯《おび》えていたと言いますか、研究者もまた、自身を取り巻く時代の制約から完全に自由であることは難しく、いつのまにかホモフォビアの色眼鏡をかけて本作を見ていたのです。西鶴について紹介する文章に「男色」の文字が一言も出てこないということは、よくあることです。つまり、紹介文を執筆する研究者自身のバイアスが、避けがたくそこに働いているのです。

二、西鶴の文章

西鶴の文章を現代語訳していくと、何とも言えないもどかしさを覚えることがあります。パソコンに例えるなら、表面上で動いているオペレーション・システム（ＯＳ）の奥に、また、別のＯＳが動いているような感じ、と言ったらよいでしょうか。ＩＴに詳しい方が、それは「マルチＯＳですね！」と教えてくださいました（二〇一八年八月三十日 22:43、Sir Thomas 氏のツイートより）。

つまり、ある物語の流れを語る言葉そのものが、一つの意味を担いながら、さらに別の意味も運んでいるというような具合なのです。そのすべてを拾おうとすると、現代語訳としては、かなりモタついた印象になるかもしれません。ストーリーがなかなか前に進まないからです。訳文としては恐らく、一つの意味だけを拾って、単線的にサクサクと前に進めた方が読みやすいに違いありません。しかし、もう一つの意味を拾い続けていくと、表面上語られていた文脈とは別の文脈が見えてくることがあり、これも捨てがたく思われます。それを拾うことで、作品世界の奥行きがグッと深く、広くなるのです。『男色大鑑』は、書名のインパクトを裏切るかのごとく、性的な描写に対して極めて抑制的であるということが一部の人々に知られていますが、実はもう一つのラインを丹念に拾っていくと、また印象が変わるのかもしれません。

なぜ、これほど表現のありようが複雑なのでしょう。それは、西鶴が長年にわたって俳諧に親しんできたことと関係があります。俳諧では、ある言葉にどのような連想が絡むか、熟知していればいるほど、句と句のつながりの妙が楽しめることになり、少ない音数でありながら、豊かなイメージ世界を描き出し、かつ、味わうことができます。「知る人は知るぞかし」とは、『好色一代男』に出てくるフレーズですが、西鶴がつづる文章というのは、隅々《すみずみ》まで語り尽くすことはせず、「わかる人はわかるぞかし」というような、情報の圧縮度の高いものと言えます。それを、われわれ訳者がどこまで〈解凍〉できているか、その判定は読者の皆さまの手に委ねることにしましょう。

三、『男色大鑑』という作品

全八巻四十話の短編集というのが、この作品の全体像です。前半に置かれた二十話には、基本的には武家（一部に寺社や町人）の男色話を収め、後半に置かれた二十話には、歌舞伎若衆（歌舞伎役者のうち、若衆方《がた》や若女方《わかおんながた》などを勤めた者）の男色話を収めます。そのどちらがより魅力的か、あるいは、西鶴の主眼はどちらにあるのか、論者の意見のわかれるところです。皆さんも後日、現代語訳の『歌舞伎若衆編』が出た時点で、この『武士編』と読み比べ、考えてみてください。ちなみに、私は、読み始めて最初にハマったのが『武士編』、何度も読むうちに面白さに目覚めていったのが『歌舞伎若衆編』です。今では、『歌舞伎若衆編』をより魅力的に読み解く上で、『武士編』は必要不可欠であるとさえ思っております。もちろん、『武士編』それ自体も魅力に富み、読み応えもあるわけですが、『歌舞伎若衆編』と併置されたことで、新たに重要な意味が生じたと考えています（ごく簡単に言うなら、歌舞伎若衆の世界も、武家若衆の世界と同等のボリュームで語るに値するもの、というメッセージが秘められているということ）。

さて、ここでは『武士編』の解説として、前半二十話に絞っていきたいと思います。武家の男色を彩るキーワードはなんといっても「意気地《いきじ》」「志《こころざし》」「情《なさ》け」です。もっとも、「情け」というのは、『男色大鑑』全編を通じて重要なものと言わねばなりません。若衆たるもの、「情け」を解する感受性が何より大事なのです。これを欠くと、「無情少年《むじょうしょうねん》」（巻一の三に出てくる表現）のレッテルを貼られる恐れがあります。それは、年頃の男の子には耐えがたい屈辱ではないでしょうか。「あいつは見た目こそ美しいけれど、感受性の欠落した、石や木みたいなヤツだね」と言われているようなものですから。

「意気地《いきじ》」に関しては、現代日本語には「意気地《いくじ》がない」という言葉遣いしか残っておらず、臆病者《おくびょうもの》をののしるときにしか使いません。しかし、その現代語の中にも、この言葉の本質は残っています。つまり、「意気地」とは、自分の命を捨てる覚悟で信念を貫く、そうした心の強さを言う言葉なのです。武士としての背骨に当たる価値観とでも言いましょうか。ただし、武士が命を捨てる場面というのは、主君への忠義を示す場であるはずのものです。ところが、『男色大鑑』の各話においては、主君への忠義と、衆道の義理との板挟みとなることがあまりに多く、若衆はもはや、死ぬことそのものに価値を見いだしているというような具合です。これは、少年期特有の、「死」によって自身の「生」が全うされるという感性と響き合い、極度に純化された世界を我々に垣間見《かいまみ》せてくれています。世俗的な損得勘定に支配された大人世界の住人になってしまうと、二度とは味わうことの許されない感覚かもしれず、そのピュアさに多くの人がシビれるようです。

「志」は、相手が気づこうが気づくまいが、それにはおかまいなしに一心に示していくものとして、本作では特に念者《ねんじゃ》（兄分）の振る舞いの中に多く示されていきます。重病の若衆の身を案じて、日に三度の見舞いに加え、八幡宮《はちまんぐう》への日参を欠かさなかった下級武士（巻一の三）、若衆が敵討ちを果たすまで、物乞いに身を落としてまでも、影身に添ってフォローし続けた男（巻二の二）、一目見た瞬間から身分も給金もしまいには自分の命すらも投げ打ち、ひたすら若衆を見つめ続けた男（巻三の五）などなど、いずれの念者も、ちょっと異常体質と言いますか、過剰なまでに「志」を示していきます。それにほだされ、若衆が振り向いてくれるというわけです。思い続ければいつかは叶うという、大人の男たちの見果てぬ夢を描いているのでしょうか。もっとも、ひとたび想いが叶ってからというもの、念者たちには油断が見えます。恋人以外の若衆の付け差し（口を付けて飲んだ盃を相手に渡して呑ませる）を受けてしまうとか（それは情愛を受け入れたも同前の振る舞いです！　巻三の二）、横恋慕を仕掛けてきた相手に「お前からうまいことお返事してごらん」などと若衆に言ってしまうとか（言われた若衆は当然のことながら怒り心頭《しんとう》に発します、巻一の四）、念者の心の緩みがトラブルの原因になっている事例は枚挙にいとまありません。人間って哀しいものですね。

西鶴の人間観察は実に鋭くて、深く納得させられることが多いのも確かです。『男色大鑑』

には、美女の描写が多く、また、ついつい女性たちを見てしまう男が登場し、しかも、その視線に自覚的な書き方がされているということについて、かつて、私は研究発表や論文で指摘したことがあります。例えば、巻一の二に出てくる一道《いちどう》という男は、『男色大鑑』においては典型的な「女嫌い」の事例ですが、この男の場合も、嫌い嫌いと口で言うわりには、実に熱心に女性たちの衣装やら振る舞いやらを見つめ続け、それをまた事細《ことこま》かに描写するのです。嫌いなら見なければいいのにと思うところです。これに対して、漫画家の大竹直子さんは、「先生、人は嫌いなものほど観察したり調べたりしてしまうものですよ」とアドバイスしてくださいました（二〇一八年八月二十九日 23:19、大竹直子氏ツイートより）。一道は、女性たちの行動が我慢ならず、徹底的に嫌っているからこそ、その害が自分に及ぶことを未然に防ごうと、見つめ続けるのです。矛盾に満ちた人間の性《さが》の面白さを、これでもかと描いていくのが西鶴作品の魅力であり、何百年経とうと、人の本質はさほど変わらないのだと気づくこともまた、古典を読む醍醐味《だいごみ》の一つなのかもしれません。

解説2

男色の楽しみと衆道の歴史

染谷智幸

一、はじめに

「貴殿はまだ男色の楽しみを知らないのですな」雨森芳洲

江戸時代の享保《きょうほう》四年（一七一九）、朝鮮通信使として来日していた申維翰《シンユハン》は、日本に来て、男色があまりに盛んなことを見聞して驚きます。そして、日本を代表する外交官であり学者（儒学者）であった雨森芳洲《あめのもりほうしゅう》に対して、次のように言いました。

「貴国の風俗は甚だしく奇怪である。男女の情欲は、ほんらい天地から出た自然のもので、万国に共通する。だから淫らな情欲を戒めるのだ。世の中にどうしてひとり陽だけがあって陰がないのか。それではお互いが共感し悦び合うことなど出来ないだろう」

これに対して、笑いながら芳洲が口にした言葉が、冒頭にかかげた、「貴殿はまだ男色の楽しみを知らないのですな」だったのです（申維翰「日本見聞雑録」『海游録』所収、東洋文庫・一九七四年より）。申維翰はこの答えに驚いたでしょうが、もっと驚くのは現代の我々の方でしょう。芳洲と言えば、江戸時代中最も優れた知識人の一人です。その彼にこうした答えをさせた「男色」とは果たして何なのでしょうか。

それでは、この問いに答えることを目標にしながら、男色の歴史を少し追いかけてみることにしましょう。

二、男色、二つの世界

男色はいつ、どこから始まったのでしょうか。この誰もが感じる疑問に、ずばりと明快な答えを出すことはどうも無理なようです。というのは、男色は全世界各地の民族で見られますし、また、猿の世界にも確認されます（『サル学の現在』立花隆、平凡社、一九九一年）。とすれば、いつでもどこにでもあった、またその可能性があったと答えるしかなくなります。しかし、男色が人間社会にどのように受け入れられ広まってきたのか、その変遷については考えるべき点が幾つもあって、『男色大鑑』を考える際にも、ここが恐らく重要な意味を持つと思います。

日本における男色、その温床として、従来から二つの世界が考えられてきました。仏教の僧侶と武士の世界です。もちろん、これ以外にもさまざまに存在していたのは明らかで、過日、NHKの番組「歴史秘話ヒストリア――生きた、愛した、ありのまま」（二〇一八年四月二十五日、二十八日放映）でも、万葉歌人の大伴家持《おおとものやかもち》や、平安末期に暗躍した藤原頼長《ふじわらのよりなが》などの貴族層の男色を取り上げていました。また、庶民層にも古くから海の民を中心に男色が広がっていたことは民衆史・民俗学のよく指摘するところです。

しかし、男色を公認・庇護し、さらには一つの文化にまで昇華させていたのは、仏僧と武士の世界をおいて他にありませんでした。なぜこの二つの世界は、男色にそこまでこだわったのでしょうか。

一般的には、この二つの世界は女人禁制だったからという説明がなされます。つまり、女性が入りこめないので、その代替として男同士の男色が流行したのだと。しかし、現在ではこの考え方には疑問符がつくようになりました。

まず、武士ですが、昨今の歴史学の調査では、武士の戦場から女性の骨が多く見つかるようになりました。どうも戦場に女性を連れて行けないわけではなかったと考えられます。また、男色が流行したのは、武士が戦場をかけめぐった戦国時代よりも、その後の江戸時代、つまり戦争が遠い日の記憶となった平和な時代でした。これは仏僧の世界でも同じです。仏教の歴史を繙《ひもと》けばわかるように、インドや中国、朝鮮の仏教に比べて、日本の仏教ほど戒律、特に〈性〉に関して緩やかなところはありませんでした。よく知られているように、浄土真宗の宗祖親鸞《しんらん》は妻帯しましたし、寺院に女性たちが囲われていたという記録も散見されます。つまり仏僧も武士も、厳しい女人禁制の中にあって、仕方なく男性を恋愛の対象としたということではなかったようなのです。仏僧も武士の世界も、もう少し別の、そして深い理由で男性を恋愛対象としていたと考えられます。

三、浄の男道

このことを考えるために、岩田準一と南方熊楠《みなかたくまぐす》の二人に登場してもらいましょう。岩田準一（一九〇〇〜一九四五）は、日本の男色研究の草分け的存在で、生涯を男色研究に捧げた人物です。広範囲の文献調査や、南方熊楠（一八六七〜一九四一）との男色に関する手紙のやりとりは、よく知られています。彼がいなければ日本の男色研究はもっと遅れていたことは間違いありません。その研究成果は『男色文献書誌』（一九五六年）と『本朝男色考』（一九七三年）にまとめられています。一方の南方は言わずと知れた日本の民俗学・生物学の巨星で、人文・社会・自然の諸科学に通じた、世界的にも著名な学者です。

ここでは、岩田と南方の手紙のやりとりを見てゆきましょう。二人の手紙を読みますと、岩田が男色研究に力を入れていることを知った南方が、頼もしい後進が現れたと知って大変喜んだことがわかります。二人が知り合った頃、男色研究はまだまだタブーでしたから、そうした偏見を顧みず男色研究に力を入れる岩田を南方は頼もしく思ったのです。南方は自分の仕入れた知識を惜しげもなく岩田に伝授しています。ただ南方は、その中で一点、岩田に厳しく注意を与えたことがありました。

岩田は、男色世界の中でも、両性具有的な少年の肉体と結合一体化しようとする性愛的側面の解明に力を入れていました。しかし、南方は、そうした性愛的側面と同時に、一個の男、人間同士として対等に向かいつつ、幾多の困難に対峙《たいじ》しようとする、純度の高い精神性を発揮する側面が男色にはあると指摘して、その点をおろそかにしないように岩田に言っています。

貴下《きか》は性欲上の男色のことを説きたる書のみ読みて、古ギリシア、ペルシア、アラビア、支那、また本邦の心霊上の友道のことはあまり知らぬらしく察せられ候。しかるときは、ただただつまらぬ新聞雑報などに気をもみ心を労して（中略）頓死さるべし。何とぞ今少し心を清浄に持ち、古ギリシアの哲学書などに就《つ》き、精究とまでなくとも一斑《いっぱん》でも窺われんことを望み上げ候。（一九三一年、岩田準一宛・南方熊楠書簡）

いやはや手厳しいですね。でも、この厳しさの裏には、岩田に対する南方の期待が込められているのですが、それはともかく、南方は男色の持つ純度の高い精神性を「男色」とは分けて「男道」あるいは「浄の男道」と名づけました。

四、若衆の意気地と武士の綺羅《きら》

この岩田と南方以後、さまざまな男色研究が行われましたが、南方の言う「浄の男道」には、多くの研究者が注目してきました。

例えば、宗教学者の中沢新一は南方と岩田のやりとりを踏まえて次のように言います。

> ここで熊楠は、男性の同性的な愛には、二重構造があるのだという、とても重要な指摘を行っているのである。いっぽうでは、容姿や心だてに優れた少年に、年上の青年たちが恋情をいだき、少年を肉体的にも自分のものにしたいという、欲望がある。しかし、その一方では、昔から男の同性愛の世界では、兄弟分の「契り」という要素が、極めて大きな位置をしめていて、いったん兄分と「契り」を結んだ少年にたいしては、邪恋を仕掛けることは恥ずべきことである、という考えがゆきわたっていたのである。
>
> （南方熊楠コレクションIII「浄のセクソロジー」河出文庫、一九九一年）

『男色大鑑』の前半に登場する武家若衆と念者たちの関係は、まさにこの兄弟分の「契り」に他なりません。若衆たちは兄分（念者）と交わした約束をひたすら守ろうとします。よってその兄分たちの裏切りに対して彼らは極めて厳しい態度で臨みます。例えば、巻一の四「玉章《たまづさ》は鱸《すずき》に通《かよ》はす」の増田甚之介《ましだじんのすけ》は兄分の森脇権九郎《もりわきごんくろう》のちょっとしたつれない態度にも敏感に反応して、横恋慕を仕掛けてきた半沢伊兵衛《はんさわいへえ》を斬り捨てた後、権九郎も返す刀で斬り捨てる覚悟をします。また、巻三の二「嬲《なぶ》りころする袖《そで》の雪《ゆき》」の若衆、山脇笹之介《やまわきささのすけ》は兄分の伴葉右衛門《ばんのはえもん》が他の若衆と盃を交わしたことが許せずに、雪降りしきる庭に丸裸で兄分を立たせ、本当に死に至らせてしまいます。彼らはなぜこうした厳しい態度を取るのでしょうか。それはかの有名な武士道指南書『葉隠《はがくれ》』（山本常朝口述・田代陣基筆録、一七一六年頃）が答えを書いてくれています。つまり、平時の若衆と兄分（念者）は、戦時になれば共に命を懸けて戦う戦士になるからです。いい加減な絆《きずな》では戦時の役に立たない、というわけです。

ちなみにこうした深い絆が求められたのは仏僧においても同じでした。彼らが戦う相手は外部の敵ではありません。自らの内部に巣くう煩悩（欲望）でした。この恐ろしい敵に戦いを挑むために必要だったのが共闘する僧伽（サンガ、仲間の意）であり、その頂点に立つ稚児《ちご》だったのです。仏僧たちは稚児に仏を見て、その稚児への仰望と一体化によって「忍辱《にんにく》の鎧《よろい》」（『法華経《ほけきょう》』勧持品《かんじほん》、「忍辱」は全てを耐え忍ぶこと）をまとい、欲望と戦ったのです。

しかし、私は南方や中沢が言うように、男色を「男色」と「男道」、あるいは性愛と純愛に分ける必要はないと思います。これらは一体化したものであって、片方だけを取り出すことは出来ないからです。その一体化は他ならぬ『男色大鑑』の若衆と兄分たちの姿に具現されています。例えば、先に取り上げた増田甚之介ですが、彼は果たし合いに生涯最高の衣装で着飾って臨みます。それは散り際を美しくすることに加えて、愛する権九郎に美しい自分を見せたかったからに他なりません。この美を称揚する武士の姿勢を綺羅《きら》と言います。一般的に武士には清貧のイメージが付きまとっていますが、それは後世の人間が勝手につけたイメージに過ぎません。武士は四民《しみん》（士農工商）のトップとして威厳を保つことに腐心しました。その威厳には、美しさの観点も重要だったのです。また、山脇笹之介は兄分を庭で殺してしまいましたが、その庭脇の部屋には寝所が設《しつら》えてあり、枕が二つ並んでおりました。笹之介は葉右衛門と肌を合わせて語らうことを何よりもの楽しみとしていたのです。このように、甚之介と笹之介の中には、厳しい道義心と眩《まばゆ》いばかりの綺羅、そして甘美なエロスが溶け合っていたのです。

五、おわりに

さて、ここまでくれば、最初に雨森芳洲が言った「男色の楽しみ」とは何かが、おわかりになるだろうと思います。芳洲は武士であり儒学者でしたから、若衆と念者たちの命がけの契りが、武道の精神にかなうことだけでなく、儒教で言う「守節《しゅせつ》」（いったん契りを交わした相手に添い遂げる）とも相通ずることを感じていたはずです。また、芳洲は東アジアの詩文に通じていましたから、男色の耽美もエロスも理解できたはずです。だからこそ芳洲は「男色の楽しみ」と言ったのです。

『男色大鑑』には、この「男色の楽しみ」がぎっしり詰まっています。よって、貴方が本書を読み終える頃には、その「男色の楽しみ」は心の片隅にしっかりと根を下ろしていることでしょう。もし貴方の周囲に、男色と聞いて眉をひそめる方がいらしたら、「貴方はまだ男色の楽しさを知らないのですね」と微笑みながら言いたくなるに違いありません。

あとがき——そして、歌舞伎若衆編へ。なんと作者西鶴が登場！……………染谷智幸

さて、武士編の『男色大鑑』（前半四巻）いかがでしたか。

「血なまぐさい話が多くて怖かった」——ま、それが武士《もののふ》ってもんですからねぇ。

「甚之介《じんのすけ》や小輪《こりん》が可愛かった、潔《いさぎよ》かった！　そして泪《うる》っと……」——私は甚之介をジンジンと呼んでます。

「それに比べて、半沢伊兵衛《はんざわいへえ》、金井新平《かないしんぺい》サイテー」——そやな、わからんでもない……。

「許嫁《いいなずけ》とハピエンになった高岡川外記《たかおかがわげき》、タヒねば（死ねば）」——それを言うてはあきまへん……。

こうした前半の「熱」が後半の歌舞伎若衆編では引き継がれるとともに、さらに華やかさ、艶《つや》やかさ、そして新たな展開が加わりますから期待してくださいね。

その中心は何と言っても作者西鶴の登場です。つまり、熱の入れ過ぎで、作者が作品に登場してきてしまうのです。そんな西鶴を、なんと厚かましいオッサンだ、などと思わないでください。実は、西鶴には惚《ほ》れに惚れ込んだ歌舞伎若衆が居たんです。え、誰かって？　それは後半を読んでのお楽しみとしておきましょう。実は、わたし（染谷）は、西鶴が『男色大鑑』を書いた密やかな、そして真実の理由は、推しの若衆〇〇の尊さ素晴らしさを世間に認めさせようとしたからじゃないかと考えています。この説、けっこう自信があるんですけどね、マジに。まあ、その当否はともかく、後半四巻はそうした「尊み」「推し」のオンパレードであることは間違いありません。あなたにぴったりの「推し」がいるかも。いずれにしても、後半の歌舞伎若衆編、華あり毒あり謎ありの世界です、楽しみに待っていてくださいね。

さて、これにて幕間《まくあい》の挨拶は終了ですが、最後に、本書がどのような経緯で出版されるに至ったか、お礼のことばも添えて、すこしお話しておきましょう。左の年表をご覧ください。

二〇一六年	五月	KADOKAWAコミック『男色大鑑』武士編
	六月	KADOKAWAコミック『男色大鑑』歌舞伎若衆編
	九月	KADOKAWAコミック『男色大鑑』無惨編
	九月	座談会開催・コミック編（後に『男色を描く』収載）
	十二月	座談会開催・アジア編（後に『男色を描く』収載）
二〇一七年	八月	西鶴研究会にて『男色大鑑』コミカライズ集中討議（於・青山学院大学）
	九月	『男色を描く』（染谷・畑中編）刊行、勉誠出版
	十一月	若衆文化研究会（第1回）開催、30名弱参加（於・浅草文化観光センター）
二〇一八年	二月	若衆文化研究会（第2回）開催、30名弱参加（於・浅草文化観光センター）
	四月	NHK歴史秘話ヒストリア「生きた、愛した、ありのまま」放映
	六月	若衆文化研究会（第3回）開催、40名弱参加（於・東洋文庫）
	八月	男色大鑑祭り（若衆文化研究会番外編）開催、100名程度参加（於・浅草文化観光センター）
	八月	タイ国、チュラーロンコーン大学で『男色大鑑』の研究発表（染谷・畑中）
	十二月	『全訳 男色大鑑〈武士編〉』刊行、文学通信
二〇一九年	六月	『全訳 男色大鑑〈歌舞伎若衆編〉』刊行予定、文学通信

見ればおわかりのように、すべては、KADOKAWAコミック『男色大鑑』の三冊（武士編・歌舞伎若衆編・無惨編）が出版されたことに始まります。その折に編集を担当された斉藤由香里さんや漫画家のみなさんの「勇み肌」には心より感謝申し上げます。また、ここに至るまでお力添えをたまわった多くの方たちの気風《きっぷ》にも。

おそらく、この流れはしばらく続きましょう。しかし、大事なのは、この流れが現在の男／女を始めとする人間関係や、性の文化に起きつつある地殻変動とつながっていることです。では、この変動が『男色大鑑』とどうからむか。その講釈《おはなし》は、後半の歌舞伎若衆編のどこかにて……つづく。

執筆者プロフィール　付・担当箇所

佐藤智子（さとう・さとこ）
［訳］巻1の5、巻2の1
東京都公立小学校教諭。「研究史を知る『武道伝来記』」『西鶴と浮世草子研究』第三号（笠間書院、二〇一〇年）、『「むだ」と「うがち」の江戸絵本　黄表紙名作選』（校注・解説、小池正胤著、笠間書院、二〇一一年）、「小学校における草双紙作品の教材活用について（その一）〜（その三）」（『叢草双紙の翻刻と研究』第三七号、二〇一六年二月〜第三九号、二〇一八年二月）など。

杉本紀子（すぎもと・のりこ）
［訳］巻3の1〜巻3の3
東京学芸大学附属国際中等教育学校主幹教諭。『「むだ」と「うがち」の江戸絵本　黄表紙名作選』（校注・解説、小池正胤著、笠間書院、二〇一一年）、『国語教師のための国際バカロレア入門―授業づくりの視点と実践報告』（半田淳子編著、大修館書店、二〇一七年）（第2章④解説）、「国立国会図書館蔵　黄表紙『王子長者』について」（『叢草双紙の翻刻と研究』第三九号、二〇一八年二月）など。

染谷智幸↓奥付参照［訳］序、巻1の4・巻2の2
畑中千晶↓奥付参照［訳］巻1の1〜巻1の3

濵口順一（はまぐち・じゅんいち）
［訳］巻4の1・巻4の2
男色文学研究家・博士（日本文化）。「野傾物の発生と消滅―江島其磧の作品を中心に」（『日本文学』五二巻六号、二〇〇三年六月）、「『男色子鑑』と『男色大鑑』―山八と西鶴を巡って―」（『解釈』五〇巻九・一〇号、二〇〇四年一〇月）など。

浜田泰彦（はまだ・やすひこ）
［訳］巻2の3〜巻2の5
佛教大学准教授。『三弥井古典文庫　武家義理物語』（共著、三弥井書店、二〇一八年）、「『色里三所世帯』の再検討―「天子」を真似る外右衛門―」（『鯉城往来』第一九号、二〇一六年一二月）、「見物左衛門とその子孫たち―狂言から黄表紙・歌舞伎へ―」（『京都語文』第二六号、二〇一八年一一月）など。

早川由美（はやかわ・ゆみ）
［訳］巻3の4・巻3の5
奈良女子大学博士研究員・愛知淑徳大学非常勤講師。『西鶴考究』（おうふう、二〇〇八年）、『〈江戸怪談を読む〉猫の怪』（共著、白澤社、二〇一七年）、「資料紹介 川喜田石水「見たき本」目録―近世期地方知識人の書物意識―」（『叙説』四五号、二〇一八年三月）など。

松村美奈（まつむら・みな）
［訳］巻4の3〜巻4の5
愛知教育大学・愛知大学非常勤講師。西鶴研究会編『気楽に江戸奇談！ RE：STORY　井原西鶴』（共著、笠間書院、二〇一八年）、『仮名草子集成　第五三巻』（共著、東京堂出版、二〇一五年）、「『和漢乗合船』典拠考—運敞著『（正続）寂照堂谷響集』との関係から」（『日本文学』六二巻三号、二〇一三年三月）など。

あんどうれい
［イラスト］巻1の2・巻2の3
SNSに江戸を舞台にした、江戸こぼれ話BL漫画「エドと右京」を投稿。『男色大鑑—無惨編—』（KADOKAWA）など。

大竹直子（おおたけ・なおこ）
［イラスト］巻1の4・巻2の2
漫画家。一九九三年、角川書店よりデビュー。主に日本の歴史・時代物を中心に執筆。著書に「白の無言」（竹書房）「写楽（原作／皆川博子）」「源平紅雪綺譚」「秘すれば花」「しのぶれど」「百々之助☆変化」「阿修羅の契」（小池書院）など。

九州男児／**松山花子**（きゅうしゅうだんじ／まつやまはなこ）
［イラスト］巻4の2・巻4の3
主要作品に、『課長の恋』（ビブロス、リブレ出版）、『ネコ侍』（日本文芸社）、『ヨメヌスビト』（オークラ出版）など。

こふで
［イラスト］巻4の4・巻4の5
プランタン出版『Canna』vol.57にて読み切り「春はまだ交わらない」で商業デビュー。二〇一八年五月から本格的に漫画、絵の仕事を開始。江戸をメインジャンルとして商業誌を中心に活動中。

紗久楽さわ（さくら・さわ）
［イラスト］巻2の5・巻3の2
江戸BL漫画「百と卍」（祥伝社）連載中。同作が『このBLがやばい！ 2018年度（宙出版）』第一位、『ちるちるBLアワード2018』次に来るBL部門第一位。代表作はNHK木曜時代劇化作品・畠中恵原作『まんまこと』コミカライズ（秋田書店）、『かぶき伊左』（KADOKAWA／エンターブレイン）は二〇一四年文化庁メディア芸術祭・委員会推薦作品。

全訳 男色大鑑《なんしょくおおかがみ》〈武士編〉

2018（平成30）年12月21日　第1版第1刷発行

ISBN978-4-909658-03-6 C0095

編者

染谷智幸（そめや・ともゆき）

茨城キリスト教大学教授。『西鶴小説論―対照的構造と〈東アジア〉への視界』（翰林書房、2005年）、染谷智幸／畑中千晶編『男色を描く　西鶴のＢＬコミカライズとアジアの〈性〉』（勉誠出版、2017年）、西鶴研究会編『気楽に江戸奇談！ RE: STORY井原西鶴』（笠間書院、2018年）、『日本永代蔵 全訳注』（講談社学術文庫、2018年）など。

畑中千晶（はたなか・ちあき）

敬愛大学教授。『鏡にうつった西鶴　翻訳から新たな読みへ』（おうふう、2009年）、KADOKAWA『男色大鑑』（B's-LOVEY COMICS）の解説（2016年）、染谷智幸／畑中千晶編『男色を描く　西鶴のＢＬコミカライズとアジアの〈性〉』（勉誠出版、2017年）、西鶴研究会編『気楽に江戸奇談！ RE: STORY井原西鶴』（笠間書院、2018年）など。

執筆者

佐藤智子、杉本紀子、染谷智幸、畑中千晶、濵口順一、浜田泰彦、早川由美、松村美奈
あんどうれい、大竹直子、九州男児、こふで、紗久楽さわ

発行所　株式会社 文学通信

〒115-0045　東京都北区赤羽1-19-7-508
電話 03-5939-9027　Fax 03-5939-9094 メール info@bungaku-report.com　ウェブ http://bungaku-report.com

発行人　岡田圭介
編　集　岡田圭介
装　丁　岡田圭介
組　版　岡田圭介
印刷・製本　モリモト印刷

■ご意見・ご感想は右から送ることも出来ます
（QRコードをスマホで読み取ってください）。